献给紫禁城建成六百周年

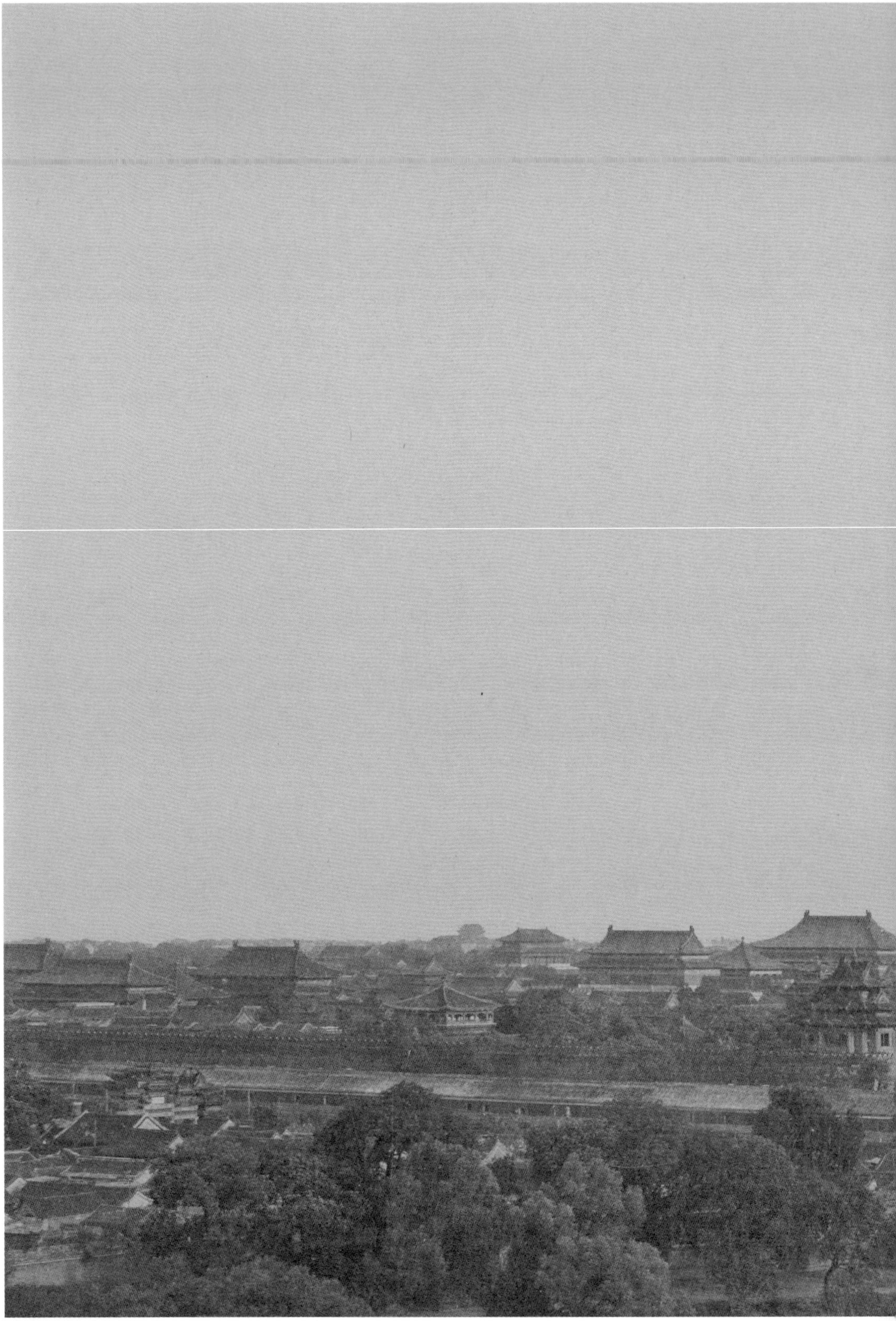

单霁翔

带你走进故宫

故人匠心

单霁翔——著
周高亮——摄影

故宫出版社

序

小时候，我家住在四合院里。在我的记忆深处，早已烙印上永远的四合院情结，甚至成为内心中对于城市记忆最柔软的地方。后来，我因缘际会来到故宫博物院工作，每天在这个世界上最大的四合院建筑群中行走，感受这里的一草一木、一砖一瓦，仿佛找到了那种久违而又熟悉的惬意。

壮美的紫禁城是中华文化的载体，记载着一代又一代人们的记忆、经历和情感。紫禁城是一个充满故事的地方。明清两代在此发生了无数中国政治、经济、文化、社会史上的重大事件。1925 年 10 月 10 日，在 3000 多位社会各界代表的见证下，紫禁城的内廷即皇帝居住的乾清门以内的地方，正式对公众开放。自当日起，紫禁城有了一个崭新的名字——故宫博物院。当天究竟有多少市民进入故宫博物院没有准确的统计，但据老员工回忆，当日下午，观众离去以后，仅从地上捡起被踩掉的鞋就有整整一大筐，说明故宫博物院从开院第一天就格外引人注目。

人们为什么要到故宫博物院来呢？最主要的理由有两条：

第一，它是世界上最大规模的古代木结构宫殿建筑群，是世界文化遗产，在它周围设置了 14 平方公里的缓冲区，不能建设高楼大厦，以保证景观的完整与和谐。壮美的建筑、严谨的形制、壮丽的彩绘，都表明它是中国官式古建筑的最高典范。这其中还有很多生动的空间、精美的装饰、独特的色彩、真实的信息、典雅的园林，使紫禁城充满了历史感、时代感，构成丰富多彩的文化景观，整体形成一个和谐的环境。

第二，其所收藏的文物藏品是中华五千年文明的重要载体和见证。论时代，上自新石器时代，下至宋元明清直至近现代；论范围，囊括了古代中国各个地域的文明精华，包容了汉族和古代许多少数民族的艺术精粹；论类别，包含了中国古代艺术品的所有门类；论国别，包含了科技仪器、西洋钟表等来自英国、法国、德国、瑞士等国的外国文物。而且，故宫博物院院藏文物大多为清宫旧藏，传承有绪、保存完好、品相精美，具有极高的历史、文化、艺术价值。

故宫博物院是一个活态的生命体，每一件文物都是一段精彩的历史，都记载着曾经的辉煌；每一件文物的背后都有一个个鲜活的灵魂，都有动人的故事。随着人们文化生活需求的增长，越来越多的观众开始走进博物馆，丰富自己的文化生活。虽然故宫博物院一到节假日就会迎来满员的观众，但每年能到故宫博物院来参观的人也只是世界人口中很少的一部分，所以要通过赴国内外的临时展览，以及数字技术成果、文化创意产品等更多的方式，使人们了解故宫文化。

我总说自己是一个“看门人”，在尽职尽责的同时给大家讲讲故事，这应该符合人们对“看门人”的普遍认知。我用三本书的篇幅，给大家讲述关于故宫博物院的三大类故事。一是关于故宫博物院的古建筑；二是关于故宫博物院的珍藏文物；三是关于与故宫博物院有关的人。

故宫博物院是中国文化遗产的守护者与传承者，也是中国文化对外交往的一张亮丽名片。中华民族绵延不断的历史文化，在故宫博物院的各类文物藏品里均能得到印证。紫禁城有丰富的文物收藏，这些文物所体现的是中国艺术的最高水平。例如建筑艺术体现中国传统砖木结构的鲜明特点，完全不同于西方的砖石结构建筑；绘画艺术往往表现人们内心世界而具有民族特色，不同于西方的油画；书法艺术作为深奥的艺术形式，在全世界独一无二；瓷器、珐琅器等制造技术，玉雕、木雕、石雕等雕刻艺术，体现东方文化的审美特点；戏剧和音乐文物也都展现出很高的民族文化艺术境界。自古“得人者兴”，故宫古建筑的维修保护、故宫文物藏品的保管展陈、故宫学的研究弘扬都离不开一代代“故宫人”的努力付出，离不开有识之士的鼎力相助，离不开公众共同担起的保护遗产、传承文化的重任。故宫是全体民众的故宫，实现“平安的故宫、学术的故宫、完整的故宫、强大的故宫”，是张忠培老院长的重托，也是全体民众共同的愿望，需要我们共同来完成。

2020年，紫禁城迎来了它600岁的“生日”。建成于1420年的紫禁城，曾经居住过明、清两代24位皇帝，几百年间曾经是中国的政治中心，目前收藏着1862690件（套）文物。在实现“中国梦”的宏大背景下，“故宫人”所有的努力，都是为了实现共同的“故宫梦”——把壮美的紫禁城完整地交给下一个600年。这句曾经的口号，经过大家的不懈努力终于得以实现！

当年纪录片《我在故宫修文物》引发热议，年轻人对“择一事终一生”精神的认可，给了我们很大的鼓舞。也许正是因为这种精神，使故宫博物院变得更接地气、更有人气，也使“故宫人”变得老少皆迷。有了社会各界的关心支持，想来600岁的紫禁城更可以驻颜有术，青春不老，健康地迎接下一个600年，再一个600年……

希望每一位看过这三本书的读者，都能够感受到中华文化遗产的厚重底蕴，感受到故宫博物院的文化气息。

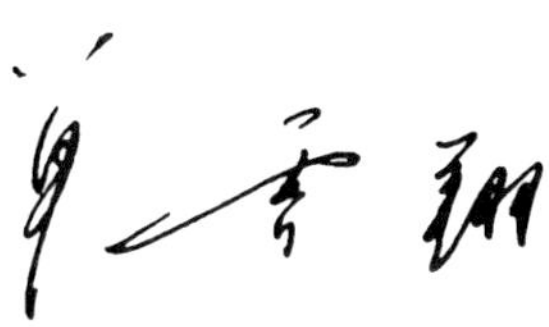

深情系故宫 147

传大匠精神 215

目录

百年故宫人

马　衡

唐　兰

吴仲超

单士元

朱家溍

于倬云

傅连兴

张忠培

郑欣淼

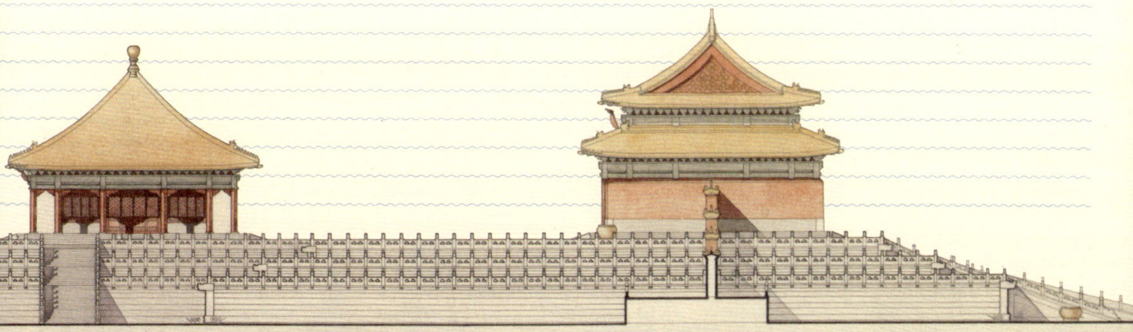

第一讲 南迁文物的看护人

马衡

1925年10月至1952年11月，马衡先生在故宫博物院工作长达27年，作为故宫博物院第二任院长，执掌故宫博物院19年。他亲历了故宫博物院创立和早期发展，于抗日战争时期主持了故宫博物院文物的南迁和回归，是故宫博物院历史上一位功绩卓越的领导者。

马衡（1881—1955），浙江鄞县（今宁波市鄞州区）人，字叔平，别署无咎、凡将斋主人。金石考古学家、书法篆刻家。曾任北京大学研究所国学门考古学研究室主任、故宫博物院院长、北京文物整理委员会主任委员。主持过燕下都遗址的发掘，对中国考古学由金石考证向田野发掘过渡有促进之功，被誉为中国近代考古学的前驱。著有《中国金石学概要》《凡将斋金石丛稿》《汉石经集存》等。

马衡先生是近代中国博物馆事业的开拓者，也是故宫博物院事业的奠基者。1925 年 10 月至 1952 年 11 月，马衡先生在故宫博物院工作长达 27 年，作为故宫博物院第二任院长，执掌故宫博物院 19 年。他亲历了故宫博物院创立和早期发展，于抗日战争时期主持了故宫博物院文物的南迁和回归，是故宫博物院历史上一位功绩卓越的领导者。

1922 年，马衡先生在北京大学研究所国学门任教，担任考古学会主任，主要从事金石古物的收集和有关著录的出版，工作颇有成效。出于对金石学的热爱，以及保护清宫物品的责任，他与国学门众多同人一道，于 1924 年 11 月受聘担任清室善后委员会顾问，冲破重重阻碍，积极推进清宫物品点查工作，筹设故宫博物院。

1925 年故宫博物院创建之初，马衡先生担任故宫博物院理事会理事、古物馆副馆长。他借鉴在北京大学的工作经验和方法，实际主持了古物馆的日常工作。他起草了《故宫博物院古物馆办事细则》，规范文物保管和提用，同时带领古物馆同人开展文物审查与鉴定，并亲自主持了铜器类文物的审查。这次审查是对院藏文物第一次较为系统的审查与鉴定，对相关文物的研究和展示起到了十分重要的作用。

1922年北京大学《国学季刊》编委会同人留影。左起：徐炳昶、沈兼士、马衡、胡适、顾颉刚、朱希祖、陈垣

图上
清室善后委员会封条

图下
景阳宫瓷器陈列室

一、殚精竭虑，守护文物

1931 年“九一八”事变后，故宫博物院奉命南迁文物。马衡先生带领古物馆同人全力投入文物的装箱工作。从沉重而珍贵的石鼓，到轻薄却脆弱的书画，共 63735 件文物，在马衡等人夜以继日的工作中有条不紊地被安全装箱，陆续离开北平。文物南迁共分五批进行，第二批迁运由马衡先生押运。

古物馆的文物特性各异，装箱难度最大。有的瓷器质地脆弱或体型巨大，有些金属器看似坚固可一触即碎，装得不好，就容易破碎损坏。马衡先生带领古物馆的同人积极想办法，虚心学习求教，一一克服困难，确保了包装质量。我们以国之重宝——石鼓为例，可管窥其中的艰辛。石鼓原存于国子监，由故宫博物院代运。10 个石鼓，每个重约 1吨。在大家的印象中，石质物品粗糙坚硬，除了沉重，似乎不存在什么运输上的困难。事实上，石鼓上的字是刻在石皮上的，日久年深，石皮与鼓身已分离，稍有不慎，石皮就会落下来。作为著名的金石学家，马衡先生精心研究石鼓的装运办法，并在《跋北宋石鼓文》中记了这件事：“余鉴于此种情状，及既往之事实，知保护石皮为当务之急。乃先就存字之处，糊之以纸，纵使石皮脱落，犹可黏合，次乃裹以絮被，缠以枲绠，其外复以木箱函之。今日之南迁，或较胜于当日之北徙也。”马衡先生的办法成功了！以后屡次开箱检查，石鼓都没有增加任何新的伤损。

1933 年 7 月，易培基院长受“故宫盗宝案”所诬而辞职，马衡先生临危受命，代理故宫博物院院长，并于次年 4 月实授，负责全院事务。此

故宫南迁文物装箱情形

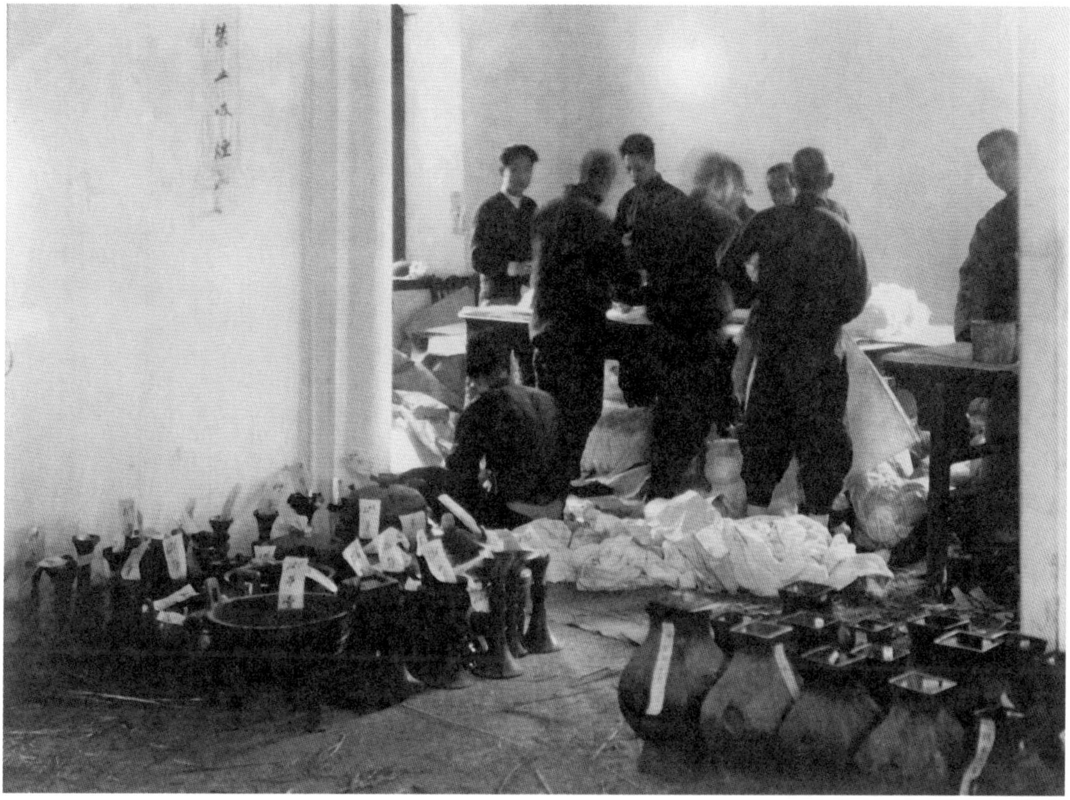

时故宫博物院外遇侵略者侵扰，内逢文物迁移的辗转颠沛，可谓是危急存亡之际。马衡先生于此时掌管故宫博物院，在纷乱的时局里殚精竭虑地保护故宫和文物安全。在他的领导下，故宫博物院的留平文物和运沪文物得到了妥善的清点并登记造册。“七七事变”后，南京形势日趋紧张，故宫博物院的南迁文物再次西迁。从1937年到1945年日本帝国主义投降，共历时八年，其间险象环生、艰辛备至，有故宫同人甚至为此付出了自己的生命。马衡先生在这八年中策划调度，鞠躬尽瘁，亲赴多地考察选址，后又驻守重庆指导各办事处的工作。马衡先生在民族、国家岌岌可危的境地里，顽强地守护着故宫这份珍贵的民族文化瑰宝。即使在动荡流离中，仍然不忘举办各类展览，如赴英国参加伦敦“中国艺术国际展览会”，赴苏联参加莫斯科“中国艺术展览会”等，以传播民族精神，彰显中国抗战决心。

及至抗日战争胜利，故宫博物院得以复原，文物陆续东归，他又主持接收清宫散佚文物，组织陈列展览，恢复博物馆业务。1947年9月3日，马衡院长在北平广播电台作了《抗战期间故宫文物之保管》的著名演讲，简要介绍了抗战时期文物南迁、西迁的经过以及保管之困难等。他说，抗战之中，文物多次险遭灭顶之灾，例如文物由重庆运往乐山途中暂存于宜宾沿江码头时，重庆以及宜宾上游的乐山和下游的泸县都遭到敌人的狂轰滥炸，唯有宜宾幸免；长沙湖南大学图书馆在文物搬出后不到4个月就被炸毁；重庆的几个仓库在文物搬出后不到一个月，空房也被炸掉；从南郑到成都时，在把存放在南郑文庙的文物运出后刚12天，文庙就被敌机投下的7枚炸弹夷平。“像这一类的奇迹，简直没有法子解释，只有归功于

南迁文物装箱待发

文物西迁途中卡车渡河情形

文物西迁途中留影

赴伦敦参加『中国艺术国际展览会』展品在沪装船，左四为马衡先生

图上 伦敦『中国艺术国际展览会』展品开箱仪式

图下 伦敦『中国艺术国际展览会』展品陈列情形

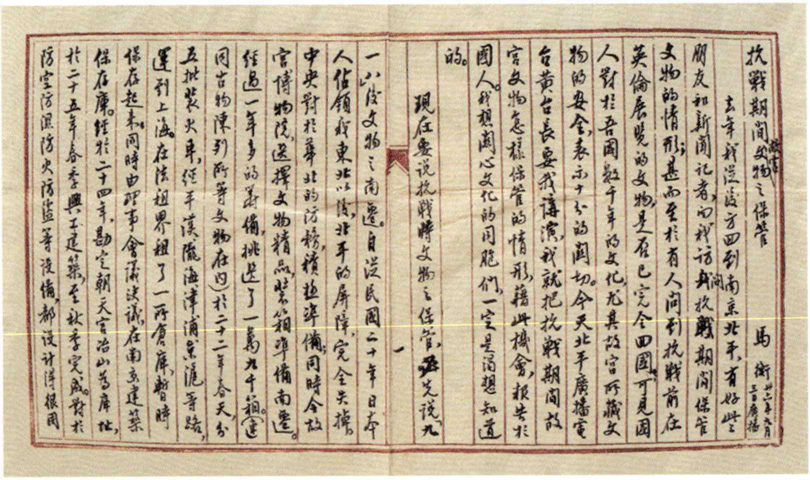
抗戰期間故宮文物之保管
馬衡 卅六年六月三日廣播
去年我從後方回到南京北平，有好些朋友和新聞記者，向我訪問抗戰期間保管文物的情形，甚而至於有人問到抗戰前在英倫展覽的文物，是否已完全回國。可見國人對於吾國數千年的文化，尤其故宮所藏文物的安全，表示十分的關切。今天北平廣播電台黃台長要我講演，我就把抗戰期間故宮文物怎樣保管的情形，藉此機會，報告於國人。我想關心文化的同胞們，一定是渴想知道的。
現在要說抗戰時文物之保管，要先說九一八後文物之南遷。
一
自從民國二十年日本人佔領我東北以後，北平的屏障，完全失掉。中央對於華北的防務，積極準備；同時令故宮博物院，選擇文物精品，裝箱準備南遷。經過一年多的籌備，挑選了一萬九千箱（連同古物陳列所等文物在內）於二十二年春天，分五批裝火車，經平漢、隴海、津浦、京滬等路，運到上海。在法租界租了一所倉庫，暫時保存起來。同時由理事會議決議，在南京建築保存庫。經於二十四年，勘定朝天宮冶山為庫址，於二十五年春季興工建築，至秋季完成。對於防空防潮防火防盜等設備，都設計得很周

马衡先生《抗战期间故宫文物之保管》讲演底稿

国家的福命了。”这是中国人民保护珍贵历史文物的壮举，也是第二次世界大战中保存人类文化遗产的奇迹。

1948 年，面对南京国民政府遴选留平文物迁台的指令，马衡先生做出了保护国宝、拒绝赴台的决定，并最终以北平本院文物一箱未运的行动，表达了他的坚定信念。

中华人民共和国成立后，马衡先生继续留任院长，引领故宫博物院迈进了新的时代，宫殿整修、陈列展览、收归文物等工作有序推进。

二、治学严谨，无私捐献

马衡先生是一位治学谨严的学者，毕生致力于金石学的研究，上承清代乾嘉学派的训诂考据传统，又注重对文物发掘考古的现场考察，遂

使其学术水平领先于时代，被誉为“中国近代考古学的前驱”。郭沫若先生对其学术成就给予了中肯的评价，他说：“马衡先生是中国近代考古学的前驱。他继承了清代乾嘉学派的朴学传统而又锐意采用科学的方法，使中国金石博古之学趋于近代化。他在这一方面的成就是有目共睹的。”

马衡先生多才多艺，且乐收藏，尤重碑拓和图书典籍，藏品数量众多，质量精良。所藏碑拓慧眼独具，具有较高的学术价值；所藏典籍注重版本，专业特色深厚，种类丰富。

1952 年，年逾七旬的马衡先生离开了故宫博物院。也正是在这一年，他将毕生搜藏之珍贵文物甲骨、碑帖等 400 余件捐赠给了他为之倾尽心血的故宫博物院。而在他去世后，子女又遵其遗愿将家中万余件拓片、书籍悉数捐赠给故宫博物院，包括青铜器、印章、甲骨、碑帖、书籍以及法书、绘画、陶瓷、牙骨器等，种类众多，数量惊人，精品不少。这是马衡先生日积月累收购来的，花费了他一辈子心血，现在全部捐给了国家，捐给了他以身相许的故宫博物院。这批文物不仅有着巨大的价值，而且其中表现出的马先生的品格和襟怀更是培育故宫人精神和形成故宫传统的宝贵的精神财富。

2005 年，适逢故宫博物院建院 80 周年、马衡先生逝世 50 周年，故宫博物院举办了“马衡先生捐献文物特展”，在景仁宫展出马衡先生及其家人捐赠给故宫青铜器、印章、漆器、陶瓷等 197 件（套）。并由紫禁城出版社（现为故宫出版社）出版《马衡捐献卷》《马衡日记手稿》《马衡诗抄·佚文卷》《凡将斋印存——马

图上左
青铜削

图上中
东晋青釉褐斑钵

图上右
兽头笄

图下
骨矢簇

图上
马衡隶书扇面

图下左
『马叔平』青田石印及印文

图下右
『鄞马氏凡将斋藏书』青田石印及印文

图上左
『马衡叔平』寿山石印及印文

图下左
『四明马氏凡将斋珍藏印』寿山石印及印文

图右
马衡篆书集石鼓字六言联『护持故宫庶物，来做峨眉寓公』

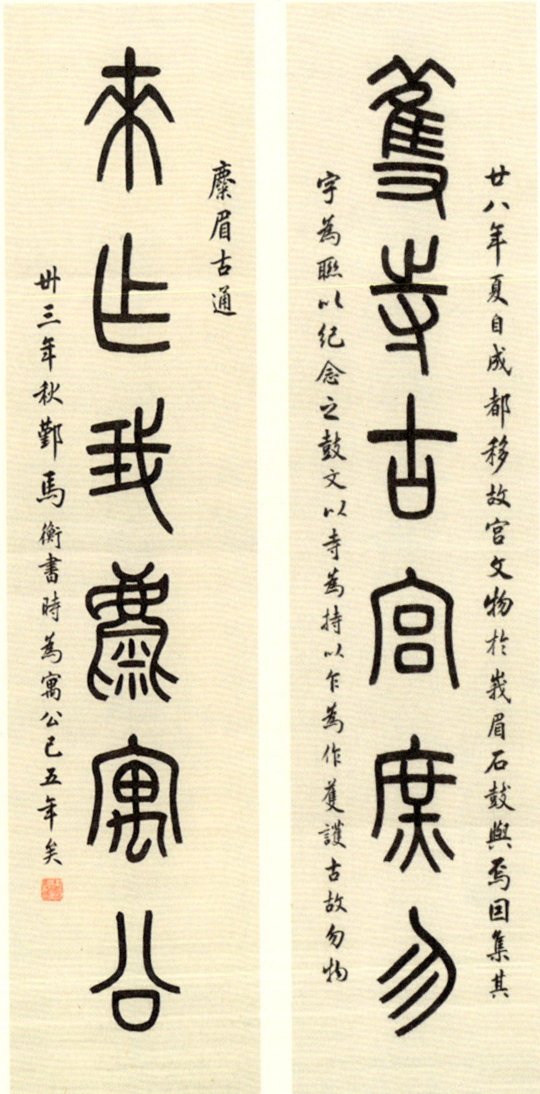

清拓北魏曹望禧等造像记画像

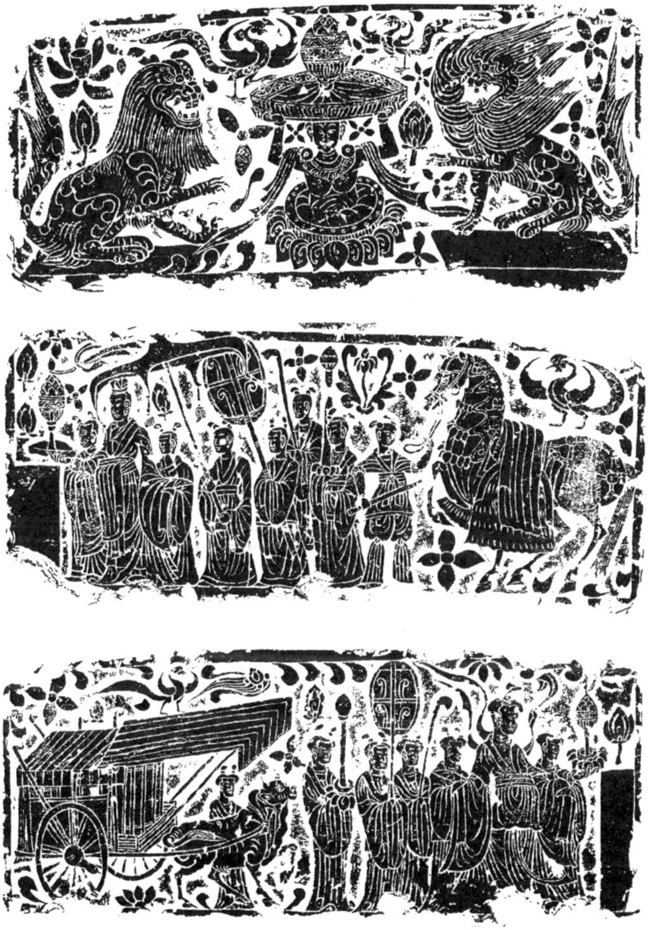

衡印谱》等一系列图书，以纪念和表彰马衡先生大公无私将个人珍藏的文物倾囊捐献的崇高精神。2015 年 8 月 11 日，马衡之孙马思猛先生作为捐献者家属代表之一参加了《新中国捐献文物精品全集》首发式。

图上
2015年8月11口，作者在《新中国捐献文物精品全集》首发式上讲话

图下
《新中国捐献文物精品全集》首发式现场

《新中国捐献文物精品全集》首发式合影

三、日记手稿，弥足珍贵

马衡先生的日记手稿，始自 1948 年 12 月 13 日，终于 1955 年 3 月 24 日，中间没有间断，分装八册。另加 1955 年 1 月 1 日后的十四页。前后六年又三月余。先生于 1955 年 3 月 26 日病逝，日记写到去世前两天。在马衡先生去世之后，日记同其他遗物一起交归故宫，这些手迹长期以来作为档案保存，2005 年由紫禁城出版社（现故宫出版社）首次发表面世。

从手稿中，我们不仅可以欣赏到马衡先生潇洒飘逸的书法，更为重要的是，可以看到他以日记形式真实记录下来的，在中华人民共和国成立前后，故宫博物院经历新旧交替的各种事件，以及作者本人的见闻与思考。

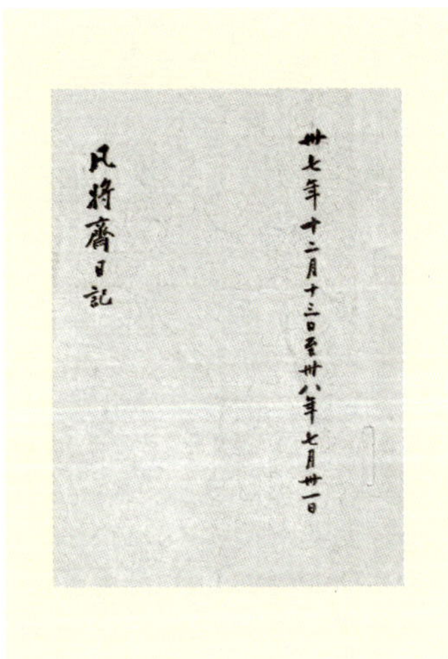

图左
《马衡日记手稿》书影

图右
早期《马衡日记》影印本之一

日记中，再现了中华人民共和国成立、抗美援朝、北京旧城改造与古建筑保护之争等重大历史事件，以及这些事件对当时文化界、教育界、考古界和位于北京中心的故宫的影响；还记录了他与许多政府要人，文化界、考古界、教育界的知名人士之间的关系，其中与傅作义、何思源、陈叔通、马叙伦、郭沫若、张元济、郑振铎、徐悲鸿、陈梦家、启功等人的交往；作为著名的金石学家，并曾任西泠印社社长，马衡先生的日记中也不乏此类学术的真知灼见，对传拓虢季子白盘的记载和对新莽嘉量的研究就是最好的代表。生活中的马衡是一个好父亲、一个好祖父，日记里不时流露出对子侄辈的深切关心和对孙子马思猛的关爱，在时局的纷纭变换中退而求其次，将个人抱负寄托于天伦之间，本性也好，逃避也罢，都值得我们深思。

这份日记是马衡先生写给自己的心灵独白，因此每天的所见所感描述甚详，今日读来，似乎在为读者讲述当年鲜为人知的故事。而作为一院之长，马衡先生在日记中对故宫博物院的很多重大事件有非常精详的记述，不少内容可以补充档案文献的缺失，具有弥足珍贵的史料价值。

施安昌主编认为可以将马衡先生的日记大致分为三个阶段：一、从1948年12月到1949年6月。在此期间经历了解放军围城到进入北京，中华人民共和国成立，代表接收故宫，故宫关闭之后重新开放，部分南迁文物运往台湾等事件。二、自1949年下半年至1952年元月。这时故宫文物的分类提集、内外的各种陈列展览、古建筑的修缮都在恢复与展开，《伯远帖》《中秋帖》等一批国宝回归。三、1952年元月至日记终结。随着运动的深入，故宫的留用人员集中到院外隔离审查，马衡先生

马衡先生与子女合影

也在其中。五个月后，他返院不久，即被免去院长而保留了北京文物整理委员会主任职务，从此离开故宫，管理北京古建修缮工作。

因为第一、第二阶段（1948年12月13日—1951年12月31日），马衡先生均担任故宫博物院的院长，领导相关工作，故2005年版的《马衡日记手稿（上下册）》及《马衡日记：一九四九年前后的故宫》，影印及收录的都是前两个阶段的日记。2018年，北京三联书店出版了由马衡先生之孙马思猛编辑的《马衡日记》一书，完整地收录了1948至1955年间马衡的日记。这份日记不仅使人们回忆起那个风云变幻的年代，而且将马衡先生及其他前辈们的性格、事业和命运点点滴滴地显现出来了。今天，对于故宫人，对于文博考古界的同人来说，阅读这部质朴无华的日记时，会觉得虽远犹近，十分亲切，很有启示。

最令我动容的是，在生命的最后时刻，马衡先生仍醉心于汉魏石经的整理研究，直至身体疲累不适，才以影印书画略作消遣，待郭沫若先生送来铜器拓本，他又全然不顾病痛，欣欣然对勘考证，以致病情加重。“桃李不言，下自成蹊。”斯人虽已远去，但他的品格与胸怀却已融入故宫精神，成为惠及后世的宝贵财富。人们永远不会忘记马衡先生这位为捍卫国家宝藏、延续文化命脉而奋斗一生的守护者。

第二讲 故宫学者的代表

唐兰

唐兰（1901—1979），原名张佩，又名佩兰、景兰，字立厂，又作立庵、立盦，笔名曾鸣。浙江嘉兴人，是中国近现代著名的文字学家、历史学家、青铜器专家，曾任故宫博物院副院长18年。终生从事教学及学术研究，治学严谨，论著甚丰，先后发表了《中国古代历史上的年代问题》等重要论文50余篇。

唐兰先生是我国著名古文字学家，故宫博物院原副院长，既是优秀的“故宫人”典范，也是杰出的故宫学者代表。他在20世纪30年代受马衡院长之邀出任故宫专门委员，50年代正式奉调故宫博物院后，对故宫博物院的业务科研、陈列展览工作有着开创之功。在学术上，他首先打破了“六书说”理论，建立了中国古文字学的理论构架，在甲骨文考释、青铜器断代方面有着杰出的贡献。

唐兰在20世纪20年代就精研了《说文》《尔雅》等典籍，著《说文注》四卷，后渐致力于青铜器款识及甲骨文字研究，曾直接受教于罗振玉、王国维，并获称赞。30年代著有《古文字学导论》《中国文字学》，对古文字研究造诣很深。40年代专门研究过战国文字和战国史，对中国古代史有独到的见解。

1952年，唐兰先生正式调入故宫博物院，曾先后任设计员、研究员、学术委员会主任、陈列部主任、美术史部主任、副院长等职，并任中国科学院历史研究所学术委员、北京史学会理事、北京市政协委员等社会职务。在1953年至1972年间，他数次将个人收藏的文物捐献给故宫博物院。

一、爱国情怀与文化信仰

民国时期中西文化碰撞，在传统文化遭遇严重挑战的大环境下，唐兰先生能够清晰地辨明道路，坚守民族文化信仰。1928年，先生在《将来月刊》中发表《近时中国学术界的迷惘》一文。文中用“迷惘”一词

形容当时国人盲目崇拜外国思想的现象，对这种现象进行了分析、讽刺与批评，并理性地指出中国传统学术思想与西方思想优劣互见。

唐兰先生在日寇侵占北平期间，被汉奸单方面授予古学院理事，先生随即在报纸上发表声明称“早已不研究甚么金石古物了”，表达了自己不合作的态度。在沈阳期间，唐兰先生亲眼见到东北同胞在日本统治下的亡国奴生活，便以“楚囚”的笔名发表文章，讽刺日本侵略者挂羊头卖狗肉的殖民行径。

中华人民共和国成立以后，“汉字拉丁拼音化”是汉字改革的政治倾向，汉字面临着前所未有的危机，唐兰先生几次从传承和学术的角度发表文章，极力反对用拉丁字母拼写代替汉字。在自己的主张受到批判时，唐兰先生更是连续发表《行政命令不能解决学术问题》《要说服不要压服》两篇文章，面对压力陈述自己的学术立场，为日后中国文字改革走向正确的道路立下不朽之功。可以说，无论是民国时期还是新中国成立以后，唐兰先生都有着自己坚定的文化信仰，不被外来思潮和行政命令所撼动。

1978年唐兰先生在香港接受《文汇报》记者采访

二、教书育人与严谨治学

唐兰先生先后在东北大学、北京大学、北京师范大学、清华大学、辅仁大学、西南联合大学等任教任职，1949年后仍任北京大学教授兼中文系代理主任，桃李满天下。

据他的学生们回忆，在西南联大授课期间，唐兰先生开设了多门课程，如六国铜器、甲骨文字、古文字学、《说文解字》研究、《尔雅》等，深受学生欢迎，不仅中文系学生们听，其他系的教授也来旁听。唐兰先生上课从来不带讲稿，依靠自身渊博的知识和强大的记忆力，对知识信手拈来。比如上《说文》的时候，手里拿一本《说文诂林》或者石

唐三先生挥毫题字

印小字本《说文解字》，一页一页顺着翻下去，碰到认为应该提出来讲的字就停下来讲，讲的都是先生自己的见解。这样即兴的课堂，就像平常聊天，听课的人觉得特别亲切。学生们在了解唐兰先生学术见解的同时，更是可以学到他治学的方法、态度和风格。

唐兰先生思想开明而且富有近代科学精神，他终生从事教学及学术研究，治学严谨，论著甚丰，在古文字学、音韵学、训诂学、古代史学等诸多领域都造诣很深，且学术创见甚多，对所及领域均有很大贡献。唐兰先生的子女和学生都曾提到他学习外语的轶事，令人叹为观止。为了学术研究的需要，唐兰先生早年在昆明任教时曾自学英语，很快就达到能看书的程度。20 世纪 50 年代，他又开始自学俄语，日夜攻读，甚至连走路、坐车的点滴时间都不肯放过，仅用一年多时间就能阅读原文文献了。唐兰先生天赋高，精力过人，兴趣又十分广泛。他自己也曾感慨："余嗜欲既广，易为环境所牵转，往往削稿未半，已别肇端绪。又好为长篇巨制，而多无成功。"（《天壤阁甲骨文存》序）所以 1979 年唐兰先生遽归道山之时，他着手写作的《殷墟文字综述》《西周青铜器铭文分代史徵》两部大书刚刚开篇，令同人和弟子们无限惋惜和遗憾。

三、全集出版薪火相传

1995 年，故宫博物院组织出版了《唐兰先生金文论集》一书。2001 年 1 月 9 日，故宫博物院举办了"纪念唐兰先生百年诞辰座谈会"。十五年后，在 2016 年的唐兰先生手稿捐赠仪式暨《唐兰全集》新书发布

唐兰先生手迹

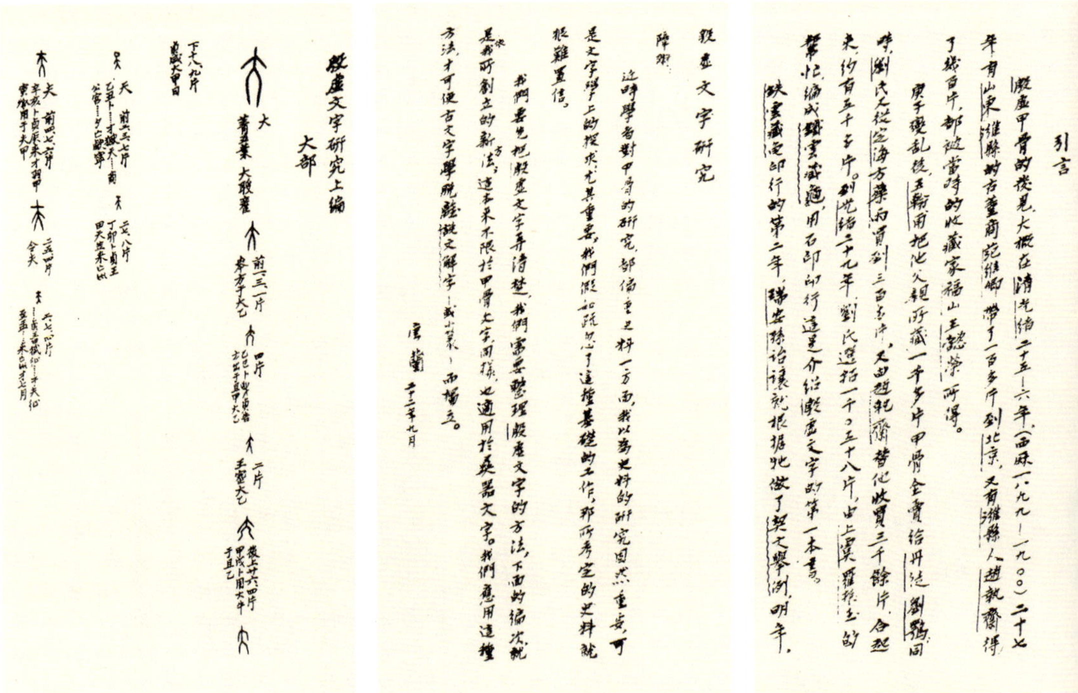

会上，唐兰先生的第四子唐益年代表家属将唐兰先生毕生学术手稿捐赠给故宫博物院作为珍贵的学术档案收藏。这些学术手稿记录着唐兰先生一生的学术历程，见证了老一辈学者的治学之道。那些或严整、或随意的文字，都凝注了唐兰先生对学术的热情。如今，唐兰先生这些珍贵的手稿全部珍藏在故宫博物院，这是学术的传承，更是治学精神的延续，也必将成为今后“故宫人”在学术建设和治学道路上的榜样。

刘雨先生带领的课题组，经过八年的努力，编辑出版的十二册四百余万字的《唐兰全集》，是收集唐兰先生作品最齐全、最详尽的著作。

全集的出版，为世人全面了解唐兰先生的学术成果提供了丰富材料，对保存这位学术巨人的著作有着重要意义。

作为 20 世纪中国学术史上有着重要地位的学者，唐兰先生的学术成就影响了数代学者。回顾故宫博物院的历史，就是像唐兰先生这样的老一辈“故宫人”凭借着对事业的执着、对文物的敬畏、对信仰的坚守铸就起文化辉煌。继往开来，在建设“平安故宫”“学术故宫”的过程中，在故宫博物院今后的发展中，期盼新一代“故宫人”、新一代故宫学者能够继承先辈的精神与意志，建设好故宫博物院、典守好故宫世界文化遗产，并将故宫精神传之后世。

第三讲 故宫事业的开拓者

吴仲超

吴仲超（1902—1984），上海人。早年就读于上海法科大学政治经济专科，1945年至1948年任中共中央华中分局秘书长，1948年后历任中央华东局秘书长、华东人民革命大学副校长，1953年任华东局党校副校长。1954年至1984年，任故宫博物院院长，曾兼任文化部部长助理。

吴仲超先生是一位久经考验的革命家。他自1928年加入中国共产党，就投身于中国革命事业，在土地革命战争、抗日战争和解放战争时期做出了艰苦卓绝的贡献。吴仲超先生又是一位热爱博物馆事业的文化人。他自1954年担任故宫博物院院长以来，为故宫博物院在新时期的转型和发展披荆斩棘，无论是在社会主义建设初期，还是在进入改革开放时期，均做出了卓有成效的功绩，经受住了历史的考验。与之共同奋斗的一代“故宫人”在开创故宫博物院事业新局面的同时，也创造和累积了丰富的精神财富，形成了兼具时代共性和故宫博物院特色的优良传统。

一、解决故宫博物院当时面临的突出问题

一个时代有一个时代的新形势和新问题，如何适应形势找到新办法是解决新问题的关键。吴仲超先生始终牢牢把握故宫博物院建院的正确方向，对如何将故宫博物院建设成为一座中国特色社会主义博物馆的问题进行了长期的研究、探索和实践。吴仲超院长上任之初的故宫博物院，虽经过1949年之后五年的发展，但突出问题也不少。

为改变故宫博物院“垃圾成山”的环境面貌，吴仲超院长借助文化部和解放军的支援对紫禁城展开了一场大扫除。据统计，这次对紫禁城的卫生大扫除，共运出垃圾、积土和乱砖等约25万立方米。同时又组织人力疏浚故宫河道，修缮河墙，绿化环境，改变了故宫博物院的院貌。20世纪60年代溥仪来院参观时对故宫的卫生环境赞叹不已，可见该项环境治理工程的必要和成效。

图左 1954 年故宫博物院非文物审查委员会名单

图右 1955 年故宫博物院审查文物与非文物委员会常务委员会第一次会议签名

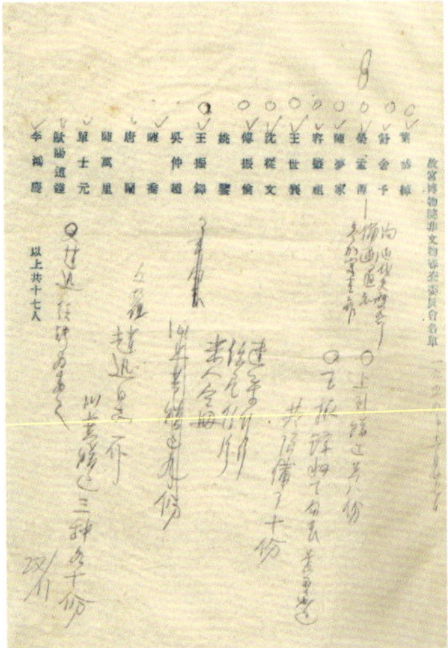

故宫博物院非文物审查委员会名单

叶恭绰 舒舍予 陈梦家 容肇祖 王世襄 沈从文 傅振伦 姚鉴 王振铎 吴仲超 唐兰 单士元 欧阳道达 李鸿庆

以上共十七人

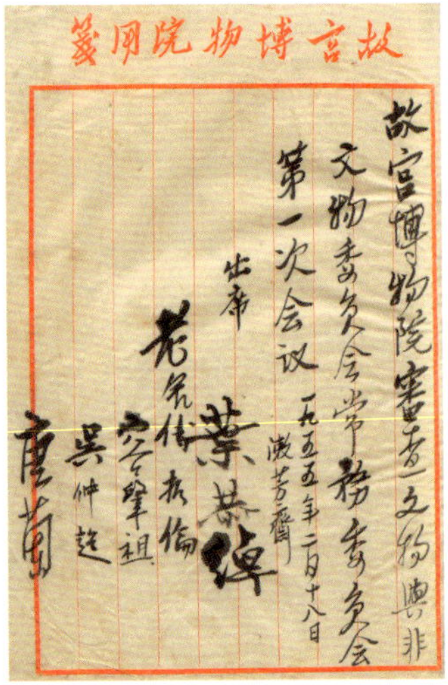

故宫博物院用笺

故宫博物院审查文物与非文物委员会常务委员会第一次会议

一九五五年二月十八日 漱芳斋

出席

为解决藏品底数不清的问题，他不顾各种争议，集中力量着手文物整理工作。1954 年至 1957 年，制订以清理文物、处理非文物、紧缩库房、建立专库为内容的《整理历史积压库存物方案》以及《清理非文物物资暂行办法》，并参照 1925 年《故宫物品点查报告》和 1945 年《留院文物点收清册》，逐宫进行文物清点、鉴别、分类、建卡。这次整理，抢救出珍贵文物 2876 件，其中一级文物 500 余件，如商代三羊尊、宋徽宗《听琴图》等。1960 年至 1965 年，按照《以科学整理工作为中心》的规定，对藏品进行鉴别划级，建立健全院藏文物总登记账，并核实各文物专库的分类文物登记账。这项艰巨繁复的工作前后持续 10 余年，并最终形成了以故宫旧藏汇总的“故”字号文物登记账，以及 1954 年开始登记的“新”字号文物登记账合成的故宫博物院藏品总登记账，基本做到院藏文物有底有数。

针对“问题多”的现状，吴仲超院长抓住管理体制改革这一关键环节，率先对机构设置进行调整和完善。在原有保管部、陈列部、群工部以及几个专门委员会的基础上，增设学术、编辑出版、文物征集、文物审查、文物鉴别、文物修复等委员会，并增设古建修缮处、研究室、紫禁城出版社等业务部门。同时，他着力推进故宫博物院古建修缮、文物保管、陈列展览和学术研究等各项工作的专业化进程；而且为配合机构的发展，不断修订和完善规章制度，不断加强和完善人员配备和人才建设。

在任30年间，他始终立足故宫博物院现状，坚持从实际出发，先调查研究查找突出问题，再经研究讨论形成解决方案，然后有计划、有步骤、有针对性地开展工作。这种勇往直前的革命精神和实事求是的管理方法值得我们学习和借鉴。

二、为故宫博物院的总体发展奠定基础

一个机构有一个机构的基础和根本，如何确定发展目标，抓住关键环节是组织管理的核心。吴仲超先生始终坚持科学管理的理念，将故宫博物院初步定位为集历史艺术、古建、宫廷三大体系于一体的综合型古代艺术博物馆。这一方针的确立基本上明确了此后30年间故宫古建保护和陈列展览的发展方向和基本格局，并影响至今。

首先，这一方针维护了故宫的完整性保护。20世纪50年代，故宫博物院明确了“着重保养，重点修缮；全面规划，逐步实施”的修缮保护

图左上 1958年，吴仲超院长创办《院刊》的请示

图右上 《故宫博物院院刊》第一期封面

图左下 1978年国家文物事业管理局就恢复《故宫博物院院刊》呈宣传部报告

图右下 《故宫博物院院刊》复刊后第一期封面

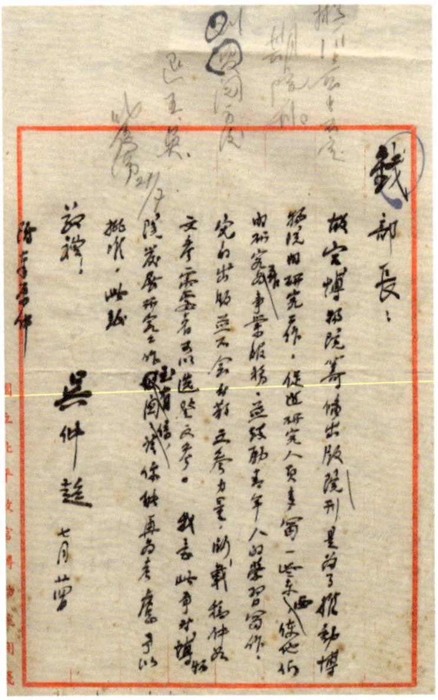

钱部长：

……

敬礼！

吴仲超

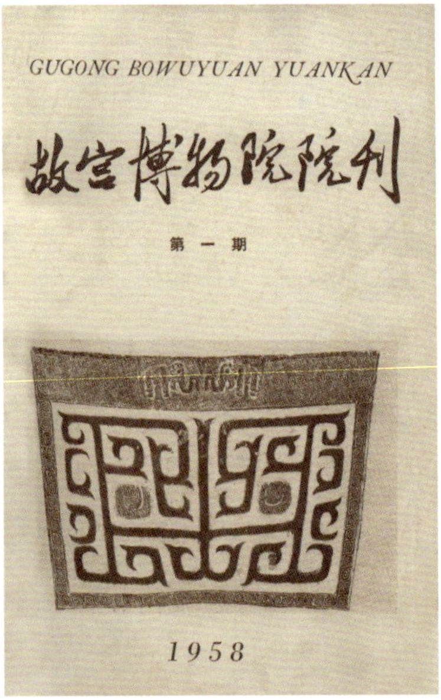

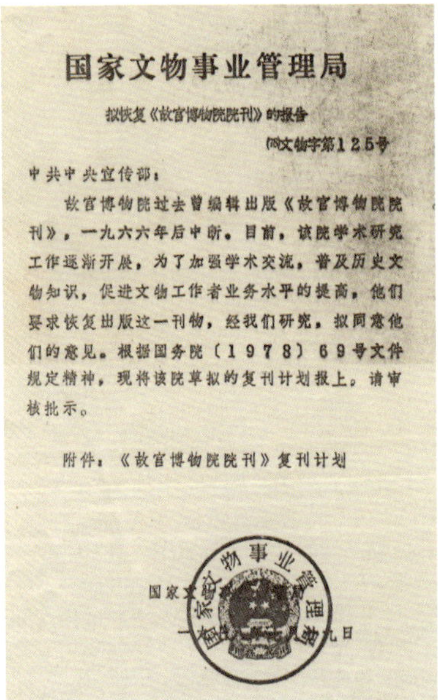

国家文物事业管理局

拟恢复《故宫博物院院刊》的报告

（78）文物字第125号

中共中央宣传部：

故宫博物院过去曾编辑出版《故宫博物院院刊》，一九六六年后中断。目前，该院学术研究工作逐渐开展，为了加强学术交流，普及历史文物知识，促进文物工作者业务水平的提高，他们要求恢复出版这一刊物，经我们研究，拟同意他们的意见。根据国务院〔1978〕69号文件规定精神，现将该院草拟的复刊计划报上，请审核批示。

附件：《故宫博物院院刊》复刊计划

国家文物事业管理局

[illegible]九日

方针，以及“以预防为主，以防火为重点”的安全保护方针。截至“文革”前，完成了一大批重点修缮工程。20世纪70年代，又大规模修缮了中轴线前三殿、后三宫等殿宇的油饰，使重点区域建筑面貌有所改观。1974年国务院批准《故宫博物院五年古建筑修缮规划》，该项目对午门雁翅楼、东南角楼、皇极殿、后三宫、钟粹宫、景仁宫、撷芳殿等多处建筑进行修缮和油饰，建筑风貌有了较大改观。此后故宫古建筑的保护和修缮进入常年维护的状态，重在保护和保养。在历次古建保护和修缮进程中，吴仲超先生十分重视工程的科学性和合理性。例如，古建修缮应是“整旧如新”，“整旧如旧”，还是“大体如旧”，针对这些不同观点，吴仲超先生除了组织院内外专家学者研究讨论外，还按各种思路制订方案，并在紫禁城内进行试验性实践，逐渐摸索出一套适合故宫古建的修缮程序、技术和经验。

其次，原状陈列与专题陈列相结合的陈列展览格局基本体现了综合型古代艺术博物馆的定位。如何根据故宫的特点做好陈列布局？吴仲超先生认为，紫禁城中轴线上的前三殿、后三宫以及西六宫设计为宫廷史迹原状陈列是十分合适的。那么是否所有宫殿建筑都做原状陈列？吴仲超先生则指出，单一陈列布局显得单调，效果不好。因此，在内西路辟设历代艺术馆，在内东路及奉先殿辟设青铜器馆等专馆陈列，在外东路辟设绘画馆和珍宝馆。这一陈列展览格局得到国内外专家学者和广大参观者的认同，而且这种展陈理念和格局沿承至今。

在任30年间，吴仲超院长立足故宫博物院现状，对古建保护、文物保管和陈列展览业务所做出的一系列探索都是具有开创性意义的，为日

故宫全国重点文物保护单位石匾

后故宫博物院的总体发展和具体业务奠定了基础。这些凝聚在日常管理工作中的理念、方法和技术值得我们详细总结和研究。

三、为故宫博物院广纳贤才

一个时代有一个时代的新气象和新活力，如何适应时代培养新人才是造就新风气的关键。吴仲超院长始终秉持尊重知识、尊重人才的理念，排除各种干扰，将一大批知识分子、能工巧匠聚拢到故宫博物院。这种“兼收并蓄”“博采众长”的人才方针，一方面造就了故宫博物院学术思想的多元化格局，另一方面也形成了不拘一格吸纳人才的用人传统。

在极“左”思潮占据上风的年代，吴仲超先生不折不扣地执行周恩来总理关于知识分子问题的重大指示，延揽了一大批知识分子，并坚持选好人、用好人、培养人、成就人的理念，提拔专家学者，培养业务骨干，调任专业人才。20世纪50年代，委任唐兰、陈万里、单士元分别主持学术委员会、陶瓷研究室和建筑研究室，为学术研究奠定基础；任命杨伯达、李鸿庆担任陈列部和保管部副主任，郑珉中、纪中锐、魏松卿、黄天秀、冯先铭等分任专业组长；调入王以坤、顾铁符、刘九庵、徐邦达、孙瀛洲、罗福颐、耿宝昌、乔友声、王文昶等文物鉴定专家补充人才队伍。他们将艺术理论、文献资料、文物藏品与宫廷历史相结合，或深化了以往的研究，或开辟了新的研究领域，或形成了新的研究方法，提升了故宫博物院在全国和世界的学术地位和影响力。

更值得一提的是，吴仲超先生始终立足博物院业务的实际，在尊重和重用学者专家的同时，也极其重视文物修复技术人才的引进与培养。20世纪50年代，他陆续从全国各地调来文物修复方面的名家和能手，充实故宫博物院文物修整组的技术力量。上海的郑竹友、金仲鱼等临摹书画人才，苏杭等地的杨文彬、张耀选、孙承枝等一些裱画名家，京津冀一带的古德旺、赵振茂等一批青铜修复专家等，陆续集聚故宫博物院。为了保留和传承这些珍贵的传统手工技艺，吴仲超先生根据学科门类的特点制定人才培养规划，逐渐在文物修复领域形成“师徒传承”的保护和生产模式。今日故宫博物院能够在全国文物修复技术领域中处于遥遥领先的地位，这也得益于吴仲超先生的人才战略。

在任30年间，吴仲超先生对于知识分子和技术人才的保护和爱惜是有口皆碑的。他曾风趣地比喻说，“保护专家要像保护稀有动物熊猫一样”，还曾指出“故宫这么大的博物院，多养几个‘秀才’没有什么坏处”。先生视专家如国宝，待人才以真诚的远见和胸怀，为故宫博物院

2012年纪念吴仲超先生诞辰110周年座谈会

聚拢了一大批文物研究、文物鉴定、文物修复、古建筑保护诸领域的专家学者和技术人才，造就故宫博物院专家云集、人才辈出的局面，这一点值得我们永远感念。

2012年5月31日，故宫博物院举办纪念吴仲超先生诞辰110周年座谈会。与会者包括很多曾经与吴院长共事过的老同志，大家共同回顾吴仲超先生的不凡人生，共同缅怀吴仲超先生的卓著功绩，共同抒发我们对吴仲超先生的无尽感念。吴仲超院长在任期间主持的新员工入职仪式令亲历者终生难忘，多年后仍记忆犹新。大公共汽车把新员工拉到神武门外，在神武门广场里面列队，吴院长一个一个跟新来的员工握手，然后就在神武门广场开欢迎大会，在宣读完国务院特别批准的文件后，吴院长把盖着红印的文件翻过来，面向大家，昭示天下。那个时候，就是

清代宜兴窑紫砂题字茶壶（吴仲超先生捐献）

这样，你觉得来故宫工作，是一种荣幸，有荣幸，就必然要有责任。一代又一代故宫人，就这样从踏入故宫门开始，自然产生了一种责任感。

吴仲超院长半生戎马半生文博，在院长任上30年，将个人收藏的陶瓷、漆器、铭刻等各类文物捐献给了故宫博物院，临终前还将自己的全部积蓄3000元钱交给故宫博物院作为奖励基金。他去世至今也已经超过三十年，为什么那么多人都记着他，愿意说起他？也许是我们自古以来习惯的“慎终追远”使然，也是因为人们愿意寻找、铭记这样一位可以效法也理当效法的榜样。

第四讲 为故宫奉献一生的人

单士元

单士元（1907—1998），北京人。文物专家，长期致力于文物研究和保护工作，是我国历史档案事业创建者之一和中国古建筑早期研究者之一。1924年底，单士元参加溥仪出宫后成立的“清室善后委员会”，为书记员。1925年10月，故宫博物院成立，他被批准赓续在院，自此与故宫结下了终生之缘。曾任故宫博物院办事员、科员、编纂，1949年后，历任故宫博物院建筑研究室主任、副院长。1956年加入中国共产党，第五、六届全国政协委员。对古代建筑和明、清历史档案研究较深，著有《清代起居注考》《明代建筑大事年表》《清代建筑大事年表》等。

三十多年前，在北京市有关古建筑园林的会议上和活动中，有时会出现三个姓“单”的参加者，即80岁左右的故宫博物院顾问单士元先生，60岁左右的北京市绿化委员会主任单昭祥先生，40岁左右的北京市文物局局长单霁翔。每当这时，单士元先生都会幽默地对我说：我是“单老”，单昭祥先生是“老单”，那么你就是“小单”了。如今单老已经离开我们二十多年了，老单也早已经退休，我也被人们称作“老单”多年。但是，单老永远活在我的心中，永远的“单老”，永远的楷模。

2017年单士元先生诞辰110周年纪念座谈会合影

单老的人生就是一本厚重的书，里面记载着故宫博物院的历史，同时也记录着近百年来中国文物、博物馆事业曲折的发展历程。

一、单老的研究历程

单士元先生1907年12月生于北京，是我国著名古代文献档案研究、古建筑研究和保护方面的专家学者。单老自幼家贫，矢志于学，喜爱研读文史，在新旧教育制度转化期，以半工半读形式完成了早时教育。1920年被录用参与朱启钤为监印总裁的重印《四库全书》补抄工作。1924年考入北京大学史学系，师从胡适、沈兼士等大师名家，潜心文史研究。同年11月，由李煜瀛任委员长的清室善后委员会成立，18岁的他又以北京大学史学系学生身份，随沈兼士等教授加入清室善后委员会，参加故宫坤宁宫、交泰殿、弘德殿、昭仁殿、端凝殿以及御茶库等处的文物点查事务，从此他便与故宫结下了终生之缘。

仅仅10个月以后，1925年10月10日，故宫博物院成立。当时故宫博物院一方面继续点查宫中物品，另一方面筹建两馆一处，即图书馆、古物馆、总务处，图书馆下分设图书部和文献部两个部门。文献部由图书馆副馆长沈兼士教授主持，由于单老在北京大学史学系的研究课题为“明清史及其档案研究”，因此被分配在文献部，以整理原皇宫中旧藏历史档案、史料文献为主要职责，由此得以博览群籍，潜心进行明清档案的研究，并完成了在故宫博物院供职后的处女作《南三所考》。

1926年初，文献部从民国政府接收了清代军机处档案，单老参与了

1925 年单士元参加故宫文物清点时在乾清门前铜狮旁留影

这批档案接收的具体承办和整理工作。此后，单老又参与了内阁大库档案整理，经过几年的努力清理，最后定夺出六类档案。1929 年 2 月，易培基出任故宫博物院院长，开始编辑出版与故宫业务有关的期刊、丛编及其他出版物。单老参与编辑以发表院藏清代宫中档案、内务府档案、内阁大库档案和军机处档案为主的定期刊物《掌故丛编》《文献丛编》《史料旬刊》。这些出版物至今仍为研究中国历史，特别是研究清史的学者所珍视。

1929 年，朱启钤先生在北京创办中国营造学社，并亲自任社长。这是我国第一个研究传统营造学的学术团体，著名建筑学家梁思成、刘敦桢两位教授分别任法式部主任和文献部主任。单老经许宝蘅先生引荐，

1930年单士元（右一）参与整理清室档案

加入中国营造学社，任文献部编纂一职，参与四库本与陶本《营造法式》的互校，完成了《营造法式》最后的校订工作，成为最早研究中国古建筑行列中的元老。在梁、刘两位巨匠学术思想的引导下，单老将沟通儒匠、传承工艺、构筑历史研究体系的思想，贯穿到了之后的故宫古建筑保护当中，成就了其“国宝卫士”的光辉一生。

1929年，单老以《清代文字狱》为报考论文，考入北京大学研究所，成为国学门研究生，其第一专业为明清史档案金石学，第二专业为中国建筑史研究，师从沈兼士、陈垣、朱希祖、孟森、沈尹默、刘半农等著名教授。自1930年起，单老曾在北京师范大学、中国大学、中法大学等学校任教，主要讲授《中国通史》《明清历史》《中国近代史》等，还撰写并发表了许多明清史方面的著作和论文，成为一位根底深厚、学识渊博的明清史专家与档案学家。1932年，遵朱启钤先生所嘱，单老又开始编辑样式雷家世及雷氏家族的皇家园林做法等所存文献。1933年，单老以《总理各国通商事务衙门大臣年表》为毕业论文，该论文填补了《清史稿》之缺。这一时期，单老既在北京大学研究所学习，同时在故宫博物院文献部工作，还要任中国营造学社编纂，三者兼顾，十分繁忙。故宫博物院、北京大学、中国营造学社是单老学术成长的摇篮，这三个中国顶级的文化、史学与科学的研究机构秉承学术自由、精神独立的原则，云集了当时中国的鸿儒贤哲，成员之间联系紧密，不仅学术互通，职务也互有兼任。单老在青年时期就受教于学识渊博的文化大师，在导师们的言传身教下，对历史、文化和建筑的认知均已有不同常人的见解，打下了扎实的文化基础，其理想和情怀亦如鸿鹄之高远。当时，为便于中国营造学社的研究工作，北京图书馆特为学社专门开辟研究室作为随时参阅馆藏善本之用，单老即为该研究室的负责人。在中国营造学社工作的几年中，单老发挥自身特长，以历史、档案学者的眼光在《中国营造学社汇刊》上陆续发表《明代营造史料》，编成《明代建筑大事年表》，写有《明代宫苑考》一书，还编辑《清代建筑大事年表》，成为研究中国建筑史的必备工具书，具有重要的学术价值。

故宫博物院汇集了宫廷历史文物和浩如烟海的明清历史档案。单老长期在故宫博物院文献部工作，在编目、整理、编辑出版清代档案方面做出了重要贡献。1936年，单老发表论文《清代档案释名发凡》，针对当年查找利用清代档案的专家学者逐渐增多，而档案数量过大、类别繁多、无从下手的状况，提出建立档案目录学的设想，得到学术界的充分肯定，将渊源已久的中国图书目录学的方法，运用到杂乱无章的历史档案整理中，使档案整理有了规范，也为档案作为独立学科奠定了基础，单老也因此成为我国提倡档案目录学的第一人。

1977年，《中国建筑技术史》编写组聘请单老为顾问。1979年，中国建筑学会在杭州成立“建筑史与理论学术委员会”，单老担任主任委员，几乎汇集了当时所有中国建筑史学的研究力量。1984年中国传统建筑园林研究会成立，也由单老担任会长，这些学术组织都对中国建筑史学研究和文物建筑保护事业起到了很好的推动作用。单老学识渊博，著作等身，是蜚声中外的明清史专家、档案学家，是我国著名的社会科学家之一。同时，他对于我国建筑史、建筑造型艺术、结构功能和工艺技术等，均有重要建树，先后发

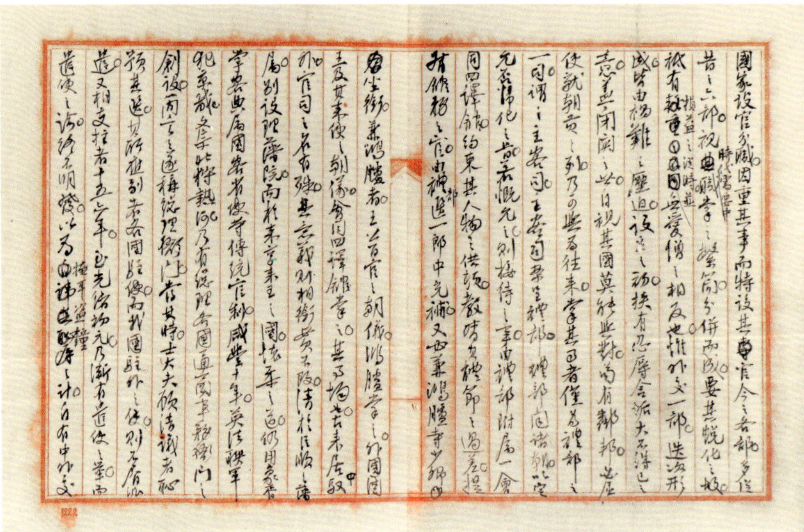

单士元先生早期手稿

表许多论著，例如《再论中国建筑史研究领域》《朱启钤与中国营造学社》《中国建筑史·宫殿衙署》《中国夯土技术》《中国琉璃砖瓦技术史》《瓦的探源》《东交民巷使馆界和清代堂子重建》《正阳门》《天坛》《明代皇陵之一显陵》《宫灯图录》等，上述论著资料翔实、立论严谨、言之有据、考之有源、富于新意，从而奠定了他古建筑学家的重要地位。

二、单老与古建筑的渊源

单老在北京大学上西洋建筑史课时，听陈衡哲教授讲道："中国建筑有独特的艺术风格。可惜的是，外国人写的世界建筑史中，从来不提中国建筑艺术，因为他们不懂，也因为我国在国际上地位低，更缺乏专门研究建筑的人才，因此被人瞧不起。"这一席话对他触动很大。中国建筑独具特色，辉煌灿烂，但是在世界建筑史中却无一章一节，有的外国人甚至说中国人没有本领研究自己本国的建筑文化。在强烈的民族自尊心驱使下，单老立志在建筑领域里刻苦钻研，使他逐渐踏入了古建筑研究的大门。实际上，进入故宫博物院之初，单老就对紫禁城恢宏的建筑萌发了浓厚兴趣，于是不仅研究明清史、明清档案，而且还涉猎中国建筑学，整理档案时着意收集有关皇城营造规划的史料。在研究中国建筑史方面，从清代档案和文献中搜集中国重要建筑沿革、布局规划等文献材料，对北京地区著名古代建筑、古典园林进行调查，同时对照故宫内各类建筑，对比研究，每有所得，即随手写成札记发表，形成自己的认知和观点。进入中国营造学社后，在与梁思成、刘敦桢等学界同人的交流中，不断学习和钻研，逐

1937年，单士元（左一）与同门学长为孟森（心史）师祝寿于澄清坊

渐提出自己的主张和看法。单老通过对史料的收集和梳理，在全面掌握故宫古建筑的保护状况后，认识到已有研究对建筑工艺技术方面的成就多有忽略。“无理论则无所发明，无工艺则无所创造”，他通过挖掘历史文献，发现过去封建社会的研究成果多侧重政治、经济、军事，而鲜有关注建筑发展及工艺技术。于是，单老最先提出，把古代建筑工艺技术的研究，纳入中国建筑史研究的范畴之内，把“工艺技术与艺术”作为新的研究课题。可惜不久“七七”事变爆发，他的研究被迫中断，几年间辛勤积累起来的资料也大多散失。

旧中国，外有西方列强侵略妄图瓜分中国领土，内有军阀混战争权夺利，不甘心挨打受气、有良知的中国人，励志奋发图强，不在侵略者面前低头。1938年末，日本侵略者曾妄想接收故宫博物院，并寻找“代理人”充当汉奸，当时找到单老，遭到断然拒绝。日本宪兵队恼羞成怒，准备抓单老坐牢，逼其就范，提前得到消息的许宝蘅先生迅速通知单老中断工作以避风头，全家人的生活一下子陷入窘境。幸得上海《大公报》王芸生主编帮助，单老靠在《大公报》副刊中以“君实”笔名发表短文，获取“从优”稿费度日，得以挨过难关。

中华人民共和国成立后，单老以加倍的热情投入到所热爱的事业之中。故宫博物院成立初期，曾对开放参观路线上的宫殿、道路略加修葺，但是未开展系统维修保护，历经明清两代、北洋军阀、国民政府、日伪统治等沧桑岁月和多年战乱的故宫，呈现一派破败景象。特别是当时不少故宫古建筑已经漏雨倾斜，急需尽快维修保护。中华人民共和国成立初期，也仅对中路各宫殿屋顶及皇极殿、养心殿等处宫殿陆续做过零星修缮，未能顾及其他宫殿，以致不少古建筑油漆彩画成片剥落；不少庭院杂草没肩，积水难退，一些角落更是垃圾成山，脏乱不堪。据单老回忆，故宫宫殿大致自鸦片战争以后就未修缮过，“许多屋顶生树，从树根的粗壮判断，有的已是达到百岁的年龄，在砖券结构上的树，更是根深蒂固”。在各个宫殿院落中积土成堆，宫城为土所培，高约三米。当时，故宫博物院缺少专门的古建筑研究保护人员，没有专业的古建筑维修队伍，大量的古建筑亟待修整。在古建筑维修领域中，有瓦、木、扎、石、土、油漆、彩画、糊八个工种，但是过去从事这些行业的工匠地位低下，主要通过口传身授传承技艺，身怀绝技的工匠已不多见。

1954 年，文化部文物事业管理局郑振铎局长找到著名建筑学家梁思成教授，请他推荐一位能够管理故宫古建筑的专家。梁思成教授说："用不着我推荐，故宫现在就有一位单士元。"于是，经郑振铎局长郑重推荐，故宫博物院吴仲超院长委任单老主持古建筑维修保护管理。他长期以来在建筑史、建筑理论以及工艺技术等方面的研究成果，终于可以在故宫博物院的实际工作中得以应用和施展。此时，单老已经在故宫博物院工作了近三十年，而故宫古建筑研究保护成为他新的工作起点。在此后的三十年工作中，单老全身心致力于组建古建筑研究部门、稳定工匠队伍、传承古建筑传统技艺、维修保护故宫古建筑，将自己的余生全部贡献给故宫古建筑保护事业。他认为，"由于故宫是我国现存的最完整的古代宫殿建筑群，建筑结构、工程做法都是值得后世建筑家们研究的实物"，因此，"研究建筑史，不能仅仅侧重历史素材和实物调查而忽视建筑理论的研究，只着重建筑布局和造型艺术的探讨而不讲工艺之学、工具之学，就无法全面解释祖国建筑的形成与发展，无法构成完整的中国建筑史"。

为加强故宫古建筑理论研究和维修保护，经单老提议，故宫博物院专门成立了建筑研究组。1956 年再次根据单老的建议，建筑研究组又扩充为建筑研究室，他亲自担任主任。1956 年 3 月，通过古建筑普查，发现故宫西北角楼屋顶存在极大危险，修缮工程由单老主持，特调经验丰富的工匠师傅参与指导，至 1957 年 4 月，西北角楼大木工程顺利竣工。1958 年，故宫博物院正式成立古建管理部，继续均由单老兼主任，下辖工程队、琉

1957年，紫禁城西北角楼大木竣工纪念合影，第四排右二为单士元先生

璃砖瓦厂等单位，逐步将研究部门和修缮部门整合到一起。

单老一生都在为保护故宫这一中华国宝而奋斗，为此付出了极大的努力。他在《故宫史话》一书中有一段精辟的论述：故宫是“民族建筑艺术集大成，其工程之艰巨、规模之宏伟、工艺之精巧、创造性之丰富为世界所罕见。它不仅是东方的瑰宝，也是世界上的奇迹”。他在《北京故宫进行修护保养的状况》一文中指出：“故宫位置在首都北京，有上万间的辉煌完整的宫殿，是中国古代宫廷建筑总结性的杰作。故宫的建筑除学术价值以外，在爱国主义教育和政治意义上起了更大的作用，因此我们必须重视它，爱护它，保持它的完整并使之延年。”

三、单老与古建保护

在回忆自己从事古建筑研究这门学科的缘起时，单老说，我国建筑历史悠久，从穴居到地面上盖房子，已历五六千年。从民居到宫殿，有文献，有遗存，它的历史是中国历史中一个重要课题。历代帝王宫殿的布局规划，大都参考《周礼·考工记》而设计，北京故宫则是数千年来宫殿建筑群从历史、设计到工艺、艺术总结性的杰作。历代政治、军事、经济、文化包括宫廷史迹，在建筑功能上都可考证反映出来。故宫古建筑群的空间组合、工艺处理、艺术表现，又是来自民间，是我国具有独特风格的建筑文化。因此，单老在主持故宫古建筑保护工作期间，始终坚持文物工作方针，坚持不改变文物原状的原则，坚持使用原材料、原工艺的做法，反对大拆大改，反对“焕然一新”。他在说到古建筑维修保护时，强调指出对于古建筑的维修不同于简单的修房子。要在忠实历史、保护历史的前提下进行，不能把故宫修成“新宫”。这就要求施工人员不仅要懂施工技术，更要懂历史，在关键问题上，应当多向有关专家请教，不能蛮干。要知道文物毁了，就像水泼了，是收不回来的，这样上对不起祖宗，下对不起子孙。基于此，在建筑历史研究室工作期间，单老根据故宫古建筑保护的实际情况制定相关研究课题，特别是与工程技术人员共同制定维修保护规划，提出“着重保养、重点修缮、全面规划、逐步实施”的古建筑维修保护十六字方针。实践证明，这一方针符合此后出台的《文物保护法》精神，至今仍然是维护故宫古建筑的基本原则，并正在发扬光大，使故宫古建筑的维修保护始终保持很高的学术和技术水平，为传承中国古建筑文化不断做出重要贡献，而单老则是名副其实的故宫古建筑保护之路的奠基人。

单老认为：“几百年前的工程师和工匠通过他的智慧和劳动所创造出来的建筑，经过几百年的风雨侵蚀的考验，仍屹立在祖国大地上，虽然在使用上已不符合今天的需要，但它已成为祖国重要纪念性的文物，在保护它时应不改变其面目，并尽量使用它的原样材料，以供后世的学术研究、建筑科学研究。假使古建筑通过我们手将形式和材料都改变了，那它已不是古建而是新建了，将几百年前智慧的工程师们的创造湮没了。今后对中国建筑法式材料技术等进行科学研究时，在实物参考上也将无处凭借。”日常保养是古建筑保护的主要任务。单老一直强调，在维修保养过程中必须严格保持古建筑的原来形式，以及各种实用而又艺术的构件。他指出：“损坏严重必须大修缮者则予以修复，在保养和修缮中都是把这些建筑物作为文物看待……由于故宫是我国现存最完整的古代宫殿建筑群，建筑结构、工程做法都是值得后世建筑家们研究的实物。现在对它们进行保养修缮工作，除去在形式上不变更原来形状外，有些重点的建筑物，在建筑材料上也尽量使用原来材料，这样我们不是要推广复古，而是要保存古代文化遗产本来面目。”

1959年，为迎接中华人民共和国成立十周年大庆，需要对故宫古建筑进行维修保护，重点是午门到神武门中轴线上各重要宫殿的油饰工程，特别是外檐彩画残坏脱落，需要重绘。单老在主持施工期间，不断组织查阅文献资料，请教经验丰富的工匠技师。在太和殿、太和门除去了袁世凯称帝时残存的粗糙无章的外檐彩画，考证文献，重新恢复康熙三十六年（1697）原有的和玺彩画。在太和殿外檐彩画重绘的艰苦工作中，他多次攀上高高的脚手架，亲自指点每道工序的要点。在他的领导下，这项故宫古建筑维修保护工程如期竣工，他也赢得了人们的称赞和尊敬。按照单老的安排，在太和殿外檐重施彩画的同时，又为殿内六根高大的蟠龙金柱重新贴金。这六根金柱竖立在宝座前东西两侧，各高三丈，柱上各有沥粉线条粘绘的巨龙一条，维修保护工程十分复杂，难度很大。单老多次到现场仔细检查，特别嘱咐“金箔要贴牢、粘严，不张嘴，不鼓包，碎片要拾起”，如今这六根金柱依然金光闪闪，夺目生辉。故宫内的一些石板路面，经过五百余年岁月，早已坑洼不平，石板断裂破碎。经单老多次奔波，争取到天安门前铺路用石板部分拨给故宫博物院，铺垫到神武门内广场及南三所前红影壁前后的通道上。

图左 故宫太和殿金柱

图右 故宫太和殿藻井

对于古建筑维修保护，单老认为，以往未能严格按照传统工艺进行修缮的一个重要原因，是维修建筑队伍的资质太差，滥竽充数。他指出："近些年维修故宫，历史建筑多由现代号称古建公司承担，实际大都是民工队伍，不少古建筑原状已非，色彩图新，不合法式。""维修古建筑、古园林是科研工作，并不是号称某某古建公司都能胜任的。如果任意承修古建，竣工后面目全非，这非但不是保护，而是破坏古建。""有的工程报销数千数百万元，知情者颇有烦言。"对故宫古建筑维修所造成的破坏，单老痛心疾首，深有感慨。单老强调故宫古建筑修缮要重视质量，防止建设性破坏。他形象地比喻说："我们对古建筑维修保护和保护老人身体一样。外科手术大夫动手术要慎重，保健医生、护士要动脑筋。令人遗憾的是，现在保健医生、护士不积极想办法，外科医生太热心了。"针对当年军机处的修缮工程，单老于 1986 年 6 月在笔记中写道："军机处为清代二百多年政治枢纽，历史性极重要。设计者竟按一般民居小房计划，原状悉遭破坏，典守者不得辞其咎也。”又如神武门两侧城墙，因“在大雨中用劣质砖砌紫禁城墙”，城砖泛碱，“出现白色紫禁城”等。

紫禁城的一砖一瓦、一草一木都饱含着单老的深情厚爱，他为此贡献了毕生的心血。故宫奉先殿，原是皇宫内的皇帝家庙，每座祖龛，都是由楠木镂空、贴金箔罩漆制作的“小型宫殿”。20 世纪六七十年代，曾将奉先殿辟作展厅，拆下的木构件堆放在库房里，曾有人出高价购买，要的是楠木材料和表面的贴金。单老知道后予以阻止，并曾想拼凑成原样，作为中国建筑类型的一种典型加以展示。这些遗物至今还在，使今后恢复奉先殿原状成为可能。同时告诫人们注重历史教训，方可避免重蹈覆辙。单老在古建筑基础资料的收集与归纳方面，做出不懈的努力和突出的贡献。他以紫禁城皇宫为起点，研究中国古建筑特色，在浩如烟海的历史档案中理清脉络，严谨考证。单老的真知灼见，不仅扩大了建筑史研究范围，还触及文物建筑保护中的重大问题，即修缮中保护文物价值、实现原材料和原工艺的问题，使故宫博物院的古建筑研究水平达到新的高度。

为了把故宫古建筑维修保养好，单老组织人员对每座宫殿进行科

午门正楼油饰彩画小样

学记录，将建筑形式、高度、面积、间数、窗格、瓦件、雕石、彩画等各种数据和材料，以及几百年来宫殿建筑使用情况，逐项通过照相、测绘、钩摹、摹拓、查考文献等方法记录下来，同时还将工程费用、人力多少、材料来源，以及设计和施工人员，能够找到的都尽量进行记录。他认为："我们今天研究祖国建筑历史与理论不将工艺技术包括在内，则理论似趋于空，历史亦缺少其发展过程，这样，也就不能反映祖国建筑科学的整体性。"

单老的精辟见解，来源于管理古建筑维修保护的经验。他主张开展故宫古建筑维修保护时加强历史研究，并列举了一些例子，如"清代宫墙的封闭性也比明朝的大，所以增加的墙不少，同时在重建或改建中由于工程材料、技术的发展，建筑也随之有所改变，如西六宫宫殿在18世纪乾隆时代开了亮窗，使用玻璃，已非明代菱花旧样了。又由于清代妃嫔秀女等极多，所以在后妃宫里，增加了廊子、水房、小房等。又明代来自南方，木料喜用川广云贵闽等省出产的楠木，清代来自北方，熟悉北方松柏木材，这些问题，必须综合历史加以研究"。

图左 钟粹宫模型

图右 御花园井亭模型

1958 年 4 月，建筑工程部成立“建筑理论与历史研究室”，由梁思成、刘敦祯先生共同主持，前后汇集百余名专业研究人员，这是中华人民共和国成立后第一个较全面研究中国建筑史学的机构。由于梁、刘两位先生均在高等院校执教，决定请单老代行主任职责。在主持工作期间，单老将自己对建筑历史的研究见解付诸实践，充实了工艺、工具、材料等方面的内容，专门把彩画、砖雕等建筑工艺列为研究课题，并请来当时在社会上有名的镏金、砖雕、彩画、木工等工匠师傅参与专题调查研究，临摹当时尚存的文物建筑的彩画、砖雕，或制作成小样、模型等。在对古建筑的研究方面，单老非常重视古建筑传统工艺技术的传承，几十年来积极宣传古建筑传统工艺技术的重要性，不仅他自己多方收集这方面的历史文献资料，而且还多方搜罗人才，培养扶植中青年技术骨干。他还筹划着为一些老工匠、老技师们拍摄影视图像，把活的“人间国宝”的珍贵资料保存下来。

单老的研究思路和态度秉承了中国营造学社的优良传统，深谙中国古建筑的营造特点，沟通儒匠，成为古建筑历史研究的主要奠基者。他是第一位把工艺技术正式纳入建筑史研究范畴，并聘请工匠师傅进入研究机构的学者。单老十分重视古建筑彩画保护，认为：“大约从 15 世纪明代初期，直到 20 世纪清末，故宫里在各个时期都有遗存。因而在风格上、画法上以及图案变化上则丰富多彩。但是这些彩画有的保存还好，有的则已残破不全，还有的只剩下局部片段，因此有必要将现在的彩画进行科学的摹拓，按比例复制小型的复原样本，作为科学的记录保存下来。”他说：“现在若不抓紧临摹，那褪色、剥落的就会更多，有些彩画就会失传。如今有了这些彩画小样，今后故宫古建筑需要重做彩画时，就有了可靠的依据。”于是，单老亲自主持故宫古建筑彩画调查和资料收集。首先进行选题规划和制定临摹细则，然后挑选出其中艺术价值较高又有典型性的彩画，组织院内有丰富彩画经验的工匠师傅进行精心绘制，临摹出彩画小样。他对于标准掌握十分严格，要求彩画小样的画面布局、纹样、着色都要忠实原作，按比例准确缩小，画工师傅们因此也格外精心。最后对各宫殿的彩画进行分类登记，科学制档，编辑成《故宫建筑彩画图录》一书。到1964年止，一共绘出故宫古建筑明清彩画小样360多张。这批彩画一直保存到现在，为今后维修保护提供了真实可靠的依据。

单老还强调应注重古建筑构件保护，指出：“很早以前对古建筑的认识，多是偏重在形式上，对具有科学性的构件，未加以充分的注意。”他以故宫太和殿三台排水为例，以前有人认为龙头只是台基的装饰，因此经过补配的龙头只是外形已无流水孔，旧存者也都淤塞不通，成为没有排水性能的构件，变成了单纯装饰物，其结果造成基台积水渗水，雨后由须弥座石缝流出，影响古建筑基础的健康。“自从疏通了排水性能后，在大雨之际，急流成瀑布，小雨之际，缓泄如冰柱。远望之千龙喷水蔚为大观，这样科学而艺术的设计，经湮没已是百余年的事了。”此外还有屋顶的瓦件，由于古建筑的大屋顶坡度长，需要使用各种不同的瓦件予以加固，例如“油瓶嘴瓦”为了保持与屋脊的结合，“捉泥瓦”可以保持不发生下滑，“瓦钉”可以使瓦垄不脱节，还有鱼壳瓦、遮朽瓦，都是各有功能的构件，但是这些瓦件大约已有一二百年不再生产。像鱼壳瓦这类古建筑构件，近几十年来，研究中国古建筑的专家也从来没有人提起，有科学性的瓦件失传已久，对古建筑结构，以及对其保养方法均不能得到完整的认识。于是，单老邀请琉璃窑厂照式烧制进行修补。单老认为："故宫是祖国的伟大文物之一，不能作为一般的工程看待，而是科学研究工作。"他强调研究故宫古建筑不能只看它的外观造型，还要考察它的大木架内部构造。宋代有《营造法式》，清代有《工程做法》，这两部官方规范性营造著作，是研究官式建筑的重要参考书籍。要想弄清楚官式建筑的形制，就要大量调查这一时期的建筑遗物，通过比较分析，找出其固有的特点和规律，从而探讨出它的演变发展过程和法式制度。这样对于故宫古建筑的保护、研究和维修，以及鉴别古建筑的建造年代均非常有益。

四、"三穷老人"对故宫的默默守护

1962年，单老被任命为故宫博物院副院长，领导故宫博物院的古建筑保护工作，很多大型古建筑维修保护项目在他的主持下得以开展。单老每天在故宫博物院中巡视之际，特别注意收集与紫禁城有关的文物资料，拾来不少"破烂"，有残砖断瓦、颓梁断木、门钉铺首、砖雕花饰、琉璃构件等，无论是已经扫进垃圾堆的，还是从内金水河淤泥中挖出来的，或是拆房子拆下来的，都当宝贝似的存放在办公室里，积攒多了，就将陆续捡拾到的文物资料，交到古建部资料室，并叮嘱说："都有用，当文物留着，别当破烂。"在20世纪六七十年代，拾"破烂"也成了单老的一项

“罪名”，有人指责他：“放着副院长不好好当，倒当了拾破烂的，随便什么破烂，都当宝贝捡回办公室!”有人问单老为什么拾“破烂”，他说故宫作为原明清皇宫，它一砖一瓦都要用历史的眼光来认识与研究。拾倒是常拾，但未必是破烂啊。在一般人的眼中可能这些不值得一瞥，但是单老认为这些不可再生的历史遗物，对于了解研究明清宫殿建造的工艺、材料变化，具有一定的参考价值。“样式雷”是清廷“样房”中专门承担皇家建筑设计的世家，曾存有大量为皇家设计的建筑模型——烫样，这些烫样后来流向社会，单老闻知后，经过多次辗转求购，把其中的部分烫样收入故宫博物院。

样式雷烫样
长寿宫细节

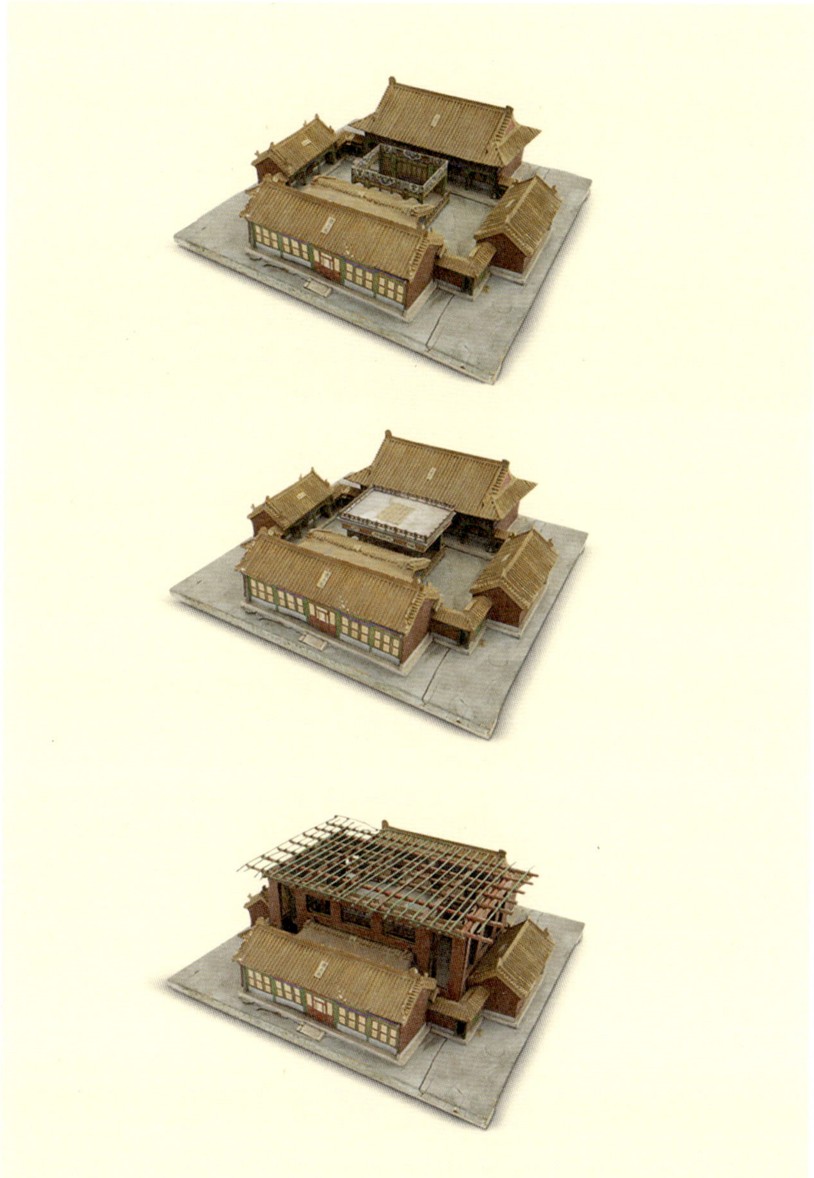

长春宫实景

1996年初，我在北京市文物局工作时组织发起了一场“爱北京城、捐城墙砖”的文物保护行动，取得很好的社会反响，单老给予热情鼓励，也使我感受到动员社会力量保护文物的重要性；于是，1997年春又开始组织制定故宫筒子河保护整治方案，提出“把一个壮美的紫禁城完整地交给21世纪”的目标，当请教单老时，再次获得热情鼓励。他指出故宫筒子河维护，恢复其历史风貌，是件功德无量的事。1997年8月，单老会同侯仁之、吴良镛、罗哲文、张镈、张开济、李准等著名专家学者在《北京日报》上呼吁，推动故宫筒子河保护整治。

单老为人谦虚和善，品德高尚，赢得社会各界的广泛尊敬。单老一生自律，生活朴素节俭，曾笑称自己为“三穷老人”，即穷学生、穷职员、穷教授。他严循操守，从不收藏文物，从不以商业目的为别人鉴定文物，也从不充当中间人。他讲：“对于故宫博物院，还需要进行包括建筑在内、宫廷史等多学科的研究工作。故宫处处是历史，件件是文

1984年全国政协文化组经济组考察留影，右一为单士元先生

物。对于鉴定文物我并不反对其重要作用，但单纯以货币价值定高低，那是古玩商人，而不是文物工作者了。”如此忠心耿耿、守土尽责的严谨作风，在故宫博物院同人中尽人皆知。

单老是故宫博物院历史发展最忠实的见证人，也是在故宫博物院工作、生活最长久的“故宫人”，对故宫、对故宫博物院，怀着最深沉的眷念之情。他对文物古建筑保护的赤诚之心、奋斗之力和对故宫的衷心热爱和保护之忱，感人至深。几十年来，他一直把故宫当成自己的家，无论刮风下雨都要来故宫博物院，就算身体欠佳，也坚持每天上班，无论夏日炎炎，还是冬日霜雪，一如既往，进入故宫博物院之后，总要按老规矩循一定路线巡视一番，观察古建筑保护状况，然后才到他的办公

室。否则，他心不宁，坐不安。

从故宫博物院副院长职位退休后，单老每日仍至故宫博物院上班，并将日常所见，随手札记，用钢笔或毛笔以行草书写于故宫便笺、稿纸上，他自己称为《自言自语记事大纲》。其中他说："余初进皇宫，一览上万间的辉煌壮丽的建筑群，从宫殿空间组合和各殿座使用之功能，若门、若殿、若院、若楼台亭阁各类建筑体积大小高低；屋顶形式和悬挂的匾联所题名词与含义，质之史志，均可上溯数千年从奴隶社会到封建社会的历史渊源。至于殿堂宗庙中所藏之礼器和浩如烟海的各种文物，则是中华民族爱护祖国传统文化在历代皇宫中的集中体现。"

单老的一生，是为实现故宫从明清皇宫走向故宫博物院的伟大变革不懈奋斗的一生。1984 年单老被聘为故宫博物院终身顾问，仍然积极推动完善故宫古建筑业务机构建设，稳定故宫古建筑工匠传承体系，奠定故宫古建筑研究与保护的基础。无论从哪个角度来讲，单士元的名字都与故宫联系在一起，他与故宫博物院共同经历了创业的艰辛、发展的喜悦，他与故宫博物院同成长，共命运。岁月漫漫，世事沧桑，但是无论风云如何变幻，他都始终与紫禁城这一中华瑰宝有着无法分隔的情缘，最终他自己也成为一位"国宝"级的大师。

五、情系紫禁城

单老开始到故宫工作时，他的老师沈兼士教授说："故宫处处有历史，随地是文物，在故宫要对一砖一瓦、一殿一宫都用历史的眼光来考察它，认识它。”单老对故宫博物院有着高屋建瓴的表述，他认为：“作为封建明清皇宫的古建筑群，故宫就其本身性质而言，不同于中国历史博物馆、上海博物馆等新建筑。从这座辉煌建筑的规划布局以及所藏传世珍宝，我认为它反映了从奴隶社会到封建社会末期的社会发展史，其中也包括建筑发展史。故宫反映了我们中华民族几千年传统文化，可以说是一部通史，现在的故宫人应该认识这一点。”对于故宫古建筑来说，除了历史、法式、传统工艺技术的研究，防止自然灾害的破坏也是古建筑保护的重大任务。当时单老最关心的一件事，就是故宫木结构建筑如何预防火灾。为确保文物古建筑安全，提出了“以预防为主，以防火为重点”的安全保护方针。自建成以来，防火就是紫禁城面临的最大挑战之一。故宫古建筑遭雷击损坏的历史文献记载就达40余次，如何防止这一灾害成为保护古建筑的重要任务。单老凭借深厚的历史积淀和敏锐眼光，率先提出了在故宫安装避雷针的设想，这在当时是一个非常重要的开创举措。1957年，故宫博物院开始在高大古建筑处安装避雷设施。事实证明，在以后的年月中，凡是安装了避雷装置的殿宇，在历年的雷雨季节里都处于安全保护的状态。在这方面，故宫博物院走在了全国古建筑保护的前面，单老为此付出了极大辛劳。

单老工作严谨负责，研究求实谦虚。为保护和发扬我国古建筑艺术，做出了重要贡献。单老对紫禁城的爱护，除了在故宫内度过了74个春秋的原因外，更为重要的是他对紫禁城这座壮美宫殿的规制和建筑历史、艺术、科学价值的深刻认识。对于故宫与故宫博物院的关系，单老说，一个是故宫，一个是故宫博物院，这二者既是一体，又有区别。一个是全国重点文物保护单位，列入《世界遗产名录》的古建筑群，一个是全国最大的博物馆。因此，工作起来一定要根据其特点，慎重对待。单老曾多次以“故宫博物院”为题，向故宫同人和社会各界人士进行讲演，他说：“故宫博物院”是由两个概念组成的博物院，一个是故宫，一个是博物院。之所以叫故宫博物院，是因为它是以“故宫”为前提，有着占地72万平方米的宫殿建筑，然后才是多达百万的文物，故宫文物与出土文物的区别，在于它们都是传世文物，而不是通过考古挖掘才发现的。因此，故宫博物院的文物几乎都与故宫历史息息相关，这也是北京和台北故宫博物院的根本区别。因此，保护故宫古建筑，也是保护故宫的根本。对于故宫 72 万平方米的地面及空间布局陈设，单老认为都要保持原状。他说：“紫禁城建立了故宫博物院，但故宫博物院不等于紫禁城。”意思是故宫博物院利用紫禁城建筑来办博物馆，主要的是展现紫禁城的建筑和帝王宫廷的政务活动和生活情况。而故宫博物院收集的一些文物，只是利用紫禁城建筑来陈列，这些文物珍宝固然十分珍贵，但是它们与故宫并无必然的联系，什么地方都可以陈列这些珍宝，如果新建一座现代化的博物馆建筑，来陈列非故宫的珍宝，可能会更好，而紫禁城则是不能改变和不能移动的文物。同时，单老指出故宫整个布局非常完美，不能有任何的添减。他常对故宫博物院内摆放的商业摊点表示忧虑和不满，以为增加一个摊点就像在人的美丽面庞贴上了一张膏药。对于文物博物馆界曾出现的强调经济效益的倾向，单老明确表示反对。他指出：“对历史建筑、著名殿堂，只顾及陈列柜橱之需要，毁灭重要史迹，将故宫古建筑与新建博物馆同等对待。还有用古建筑以出租柜台形式经商，这些措施都属于‘不三不四’的表现。”他在1990年6月慨叹道：“毁坏明代建筑木构件制作工艺品，工艺品可换美金，但所换美金不能再变成文物矣！”

北京需要一座古代建筑博物馆，是单老在新中国成立后头几年就萌发的想法。先在太和门东朝房筹建，1983年他又联合有关部门在故宫午门举办“北京明清建筑展览”，以北京的古建筑为主，包括宫殿、坛庙、陵寝、苑囿、府第、商业与民居建筑，以及城市规划、建筑技术和古建筑保护等部分，还展出有北京城市沙盘、建筑结构模型、历史照片、建筑实物构件、烫样、彩画小样、图片、建筑工具等上千件展品，丰富多彩，琳琅满目，从历史演变、结构、构造及法式特点，装修、装饰、油漆彩画，以及施工工艺等方面，对中国古建筑做了较为全面的介绍。此后，因为种种条件所限，“北京明清建筑展览”不能在午门上长期展出，在单老的倡议和全国政协的支持下，经过努力在北京先农坛内建设了北京古建筑博物馆。单老几十年来不断地宣传，不断地呼吁，希望能建设一个现代化的中国古代艺术馆，使故宫博物院数十年来收集到的大量国宝珍藏得到更好的保护，更好地发挥作用，故宫古建筑也得到更好的保护，明清帝王宫廷的活动，包括政治、军事和宫廷生活等，得到更好的展示和再现。单老虽然离开了我们，我想他的这一愿望即将变为现实。

图上 2017年『故宫古建守护者之单士元专题展览』开幕式

图下 作者在展览开幕式留影

六、永远的“故宫人”

有次媒体采访时，记者让我谈一谈我和我父亲，“两代故宫人”的故事。我反问道：我父亲是谁？对方反倒奇怪地问：不是单士元先生吗？我告诉他，单老虽然不是我的父亲，但也是对我成长产生深刻影响的长辈。这样的误解曾经多次出现。记得20年前的一次会议，单老因故不能出席，委托我在会上代他宣读发言稿。主持会议者就宣布由单士元先生的儿子宣读，引起知情者的一片笑声。正因为有这些插曲，每当想起单老时就更觉亲切，仿佛真正成为他家中的一员。

我长期从事城市规划和文物保护工作，曾有机会经常陪同单老参加各类学术活动。特别是在1984至1997年的十多年间，我先后在北京市规划局城区处、首都规划委员会规划设计处担任处长，之后担任北京市规划局副局长、北京市文物局局长，一直参与北京市历史文化名城、历史街区、文物古迹的保护工作。因此，有幸就北京城市历史研究和北京文物保护等方面的问题，经常到故宫博物院向单老请教，或到他在故宫小石桥宿舍的家中拜访，获得他的教诲和鼓励。现在回想起来，许多往事还历历在目。那时，单老总是热情地接待我和我的同事，对所请教的问题给予耐心解答，深入浅出，幽默风趣，不时穿插一些掌故逸事，即便是生硬枯燥的话题，经他一讲，也会使人在笑谈之中增长知识。特别是在故宫文化方面，单老更是我的启蒙老师。每次到故宫博物院探访，他总是亲自带领我们走进古建筑维修保护工地、原状陈列展厅、文物库房，还多次登上紫禁城城墙，研究故宫外侧建筑控制高度规划，对于拟建项目的体量、高度、形式、色彩等提出要求，反复叮嘱一定要注重保护故宫天际线和文化景观，保护故宫周边的历史街巷胡同和传统四合院民居。明清故宫，是世界上现存规模最大、保存最完整的木结构宫殿建筑群。从故宫博物院成立的那一刻起，九十多年来，数代守护者为它殚精竭虑，奉献一生。他们有学贯中西的著名学者，有身怀绝技的匠人师傅，也有普通员工和志愿者。他们挚爱故宫，他们甘于寂寞，他们默默奉献。有了他们，故宫珍贵的建筑遗产才能健康留存；有了他们，故宫才能将紫禁城最精彩、最美丽、最动人的面貌呈现给广大观众。在这里，讲述老一代“故宫人”的故事，不仅是为了纪念和学习他们，更是为了让更多的人深入理解古建筑保护，并自觉参与到古建筑保护中来。

单老是最有资格称为“故宫人”的典型代表。人们说：“溥仪出宫，单士元进宫。”单老讲：“当初进故宫，说是点查6个月的文物，没想到干到了一辈子。故宫博物院的院龄，就是我的工龄。”1924年，冯玉祥发动“北京政变”，将逊帝溥仪驱逐出宫。就在末代皇帝溥仪出宫仅二十余日后，单老进入清室善后委员会参加皇宫旧藏文物点查业务。1925年10月10日，单老见证了紫禁城从皇宫走向故宫博物院的伟大时刻，流下了激动的眼泪。由此，单老进入故宫博物院工作，比故宫博物院成立的时间还早10个月。单老热爱故宫，视故宫为生命，为故宫博物院服务七十余载，呕心沥血，可以说，他是故宫保护最忠诚的实践者。的确，故宫就是他的家，是他的一切。1985年10月，当庆祝故宫博物院建院六十周年之际，单老心潮澎湃，感慨万千，于是赋诗一首，以记出入故宫六十秋。诗云：“乙丑入紫禁，今又乙丑年。弹指六十载，仿佛一瞬间。桑榆已晚景，伏枥心不甘。奋蹄奔千里，直至到黄泉。”从诗中可见老一辈“故宫人”的高风亮节。单老为振兴中华而“奋蹄奔千里，直至到黄泉”的崇高精神永远值得我们后辈学习。单老从18岁的翩翩少年投入到故宫事业，直到90多岁高龄辞世，跨越74年的风雨行程，把自己的一生完完全全、无怨无悔地贡献给了故宫博物院事业。他钟情故宫，热爱故宫，以他求实谦虚、严谨负责的平民学者风范，坚守在保护紫禁城这一人类文化遗产的岗位。直到在病床上，单老仍然怀念着故宫的一砖一瓦、一草一木，关心着故宫博物院的工作，修改着研究资料。临终前，单老念念不忘的仍然是：“我要回故宫，那里还有许多事没办完……”在这位世纪老人的身上，表现出一代故宫学者的感人风范。

热爱祖国、热爱中华民族的单老永远是一位被后人所尊敬、所纪念的学者。对故宫有感情，对民众有感情。在单老91载的生命历程中，紫禁城的风风雨雨伴随他度过了74个春秋。他的品质、学识和贡献，赢得了学界同人和社会上的广泛敬重，成为“故宫精神”的经典诠释。他的人格人品、学术造诣，使他成为人所共仰的“国宝”。作为一代师表，在他身上有着许多宝贵精神和优秀品德，回顾这位世纪老人一生的不平凡历程，就是要学习和继承他的风范，把故宫博物院的工作做得更好。这才是对单老最好的纪念。

第五讲 善于发现美的情怀

朱家溍

朱家溍（1914—2003），著名的文物专家和历史学家。字季黄，浙江萧山人，宋代理学家朱熹的第25世孙。故宫博物院研究员、国家文物局文物鉴定委员会委员、中央文史研究馆馆员、九三学社社员。自1943年起，在故宫工作60年之久，并向国家捐献了大批家藏古代珍稀文物和古籍善本。有《历代著录法书目》《故宫退食录》等书传世。

朱家溍先生工作照

故宫博物院有不少文物大家，朱家溍先生是其中比较特别的一位。他的特别之处，一是涉猎的文物门类很多，二是对每一门类的文物都有精深的研究。王世襄先生为《故宫退食录》撰写的序中说：“1992年，国家文物局为了确认全国各省市呈报的一级文物，特成立一个专家组去各省市博物馆和考古所鉴定一级文物。这个组中有专看陶瓷的、专看铜器的、专看玉器的，三类以外的文物，则都由朱家溍来看。”

朱家溍先生不仅是一位学识渊博的著名学者，而且具有高尚的职业道德和人格魅力。他一生淡泊名利，对生活通达乐观，长期居住在胡同中的“蜗居”里边，几十年如一日骑一辆破旧自行车往返于住所与故宫之间，当别人称赞他为“国宝”“大师”的时候，他总是谦称自己仅是一位普通的“故宫人”，“一位合格的文物工作者”。先生待人谦和，对后辈热情

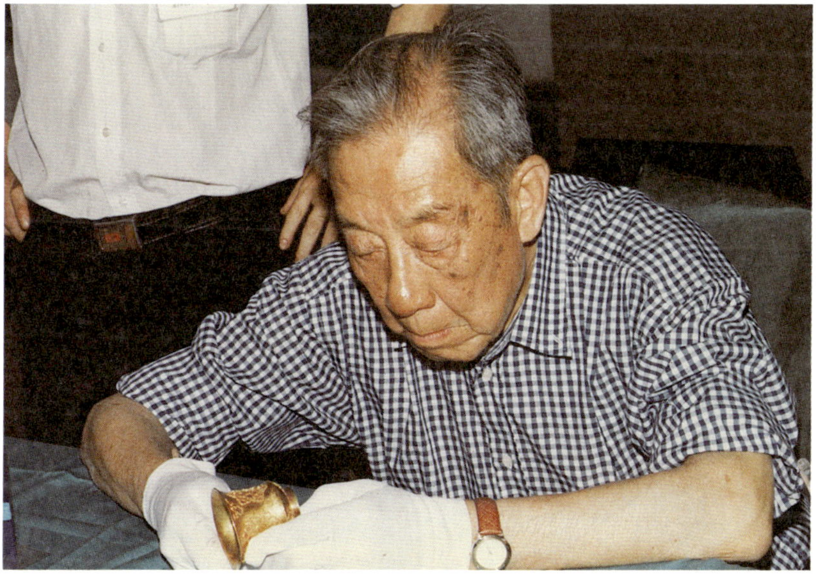

图左 朱翼盦先生

图右 文化部颁发给朱家的褒奖状

扶持，受到故宫博物院同人和文博界的尊重和敬爱。可以说，朱家溍先生将一生心血奉献给了其挚爱的故宫博物院和我国文博事业。

一、家学深厚，世守承诺

朱家溍先生的祖籍在浙江萧山，是宋代理学家朱熹的第 25 世孙。先生的父亲朱文钧先生（号翼盦）是民国时期著名的收藏家和金石学家，在故宫博物院成立之初，即被聘为专门委员，负责文物审查、鉴定之任。翼盦先生生前曾与故宫博物院马衡院长有约，愿将其所藏全部碑帖归诸国家，冀以永久保藏，不致散失。但不久翼盦先生逝世，卢沟桥事变起，京

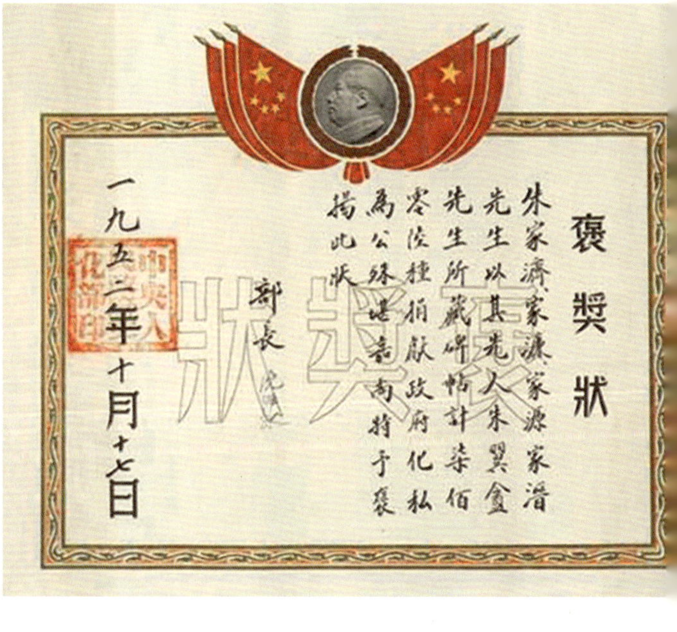

津沦陷，此约未能实现。1952年，先生哲嗣朱家济、家濂、家源、家溍兄弟四人秉承遗志，由翼盦先生夫人张宪祗女士率领，举所藏全部碑帖七百余种1070件无偿捐赠故宫博物院，化私为公，泽被后人。

这批文物在故宫博物院碑帖藏品中占有举足轻重的地位，占故宫博物院碑帖藏品总数的3.6%。其中，一级文物56件，占故宫碑帖一级文物的27.6%；二级文物282件，占故宫碑帖二级文物的8.3%。对于此批文物，启功先生曾为之赞曰："近代石墨之藏，无或逾此完且美也。"朱翼盦先生郑重承诺于前，朱氏后人践行宿约于后。这是二十余年间，朱家两代人共同完成的不朽义举。在碑帖捐赠后，由朱家溍先生提议，朱家又倾其所有将书画、古籍、家具等分批捐赠给了国家。以世守承诺为根本，以

『朱翼盦先生捐赠碑帖精品展』，朱家溍先生和家人在展厅外合影

传承中华文化为己任，萧山朱氏家风门风令人称颂。1995年及2001年，故宫博物院先后两次举办了“朱翼盦先生捐赠碑帖精品展”。2014年，朱家溍先生诞辰一百周年，故宫博物院在延禧宫举办“欧斋墨缘——故宫藏萧山朱氏碑帖特展”，向公众展示这一批珍贵文物。

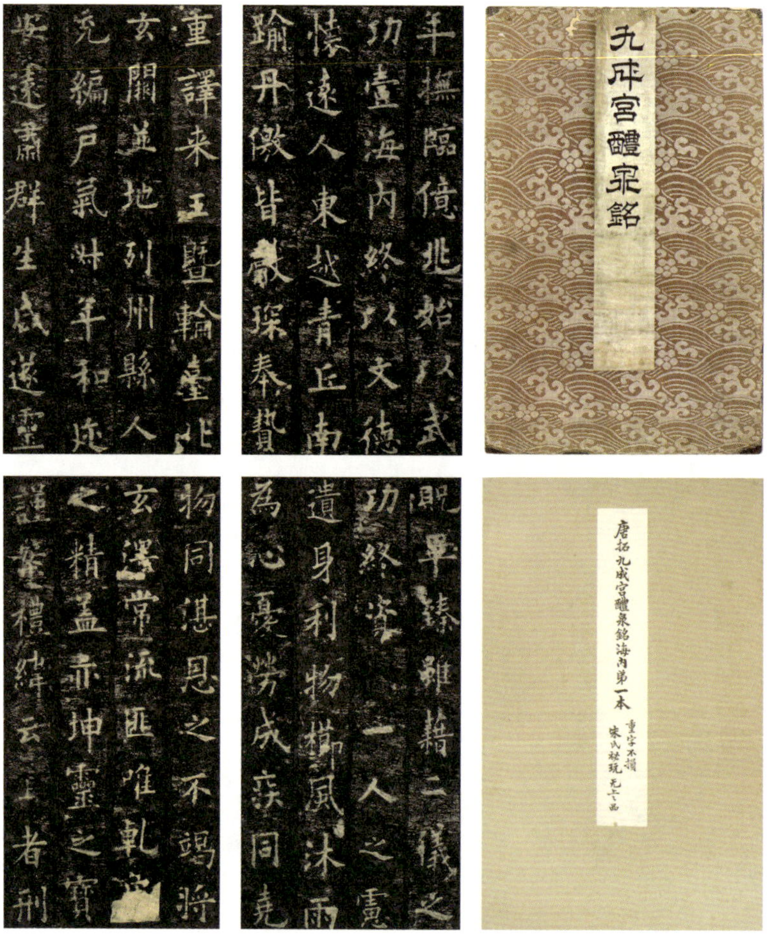

北宋拓《九成宫醴泉铭》（朱氏家族捐赠）

作者在『欧斋墨缘——故宫藏萧山朱氏碑帖特展』开幕式

二、学识渊博，善解疑难

朱家溍先生是翼盦先生四子，自幼受家学熏陶，酷爱传统文化，精于明清历史、文物鉴赏及戏曲研究，是当年文物捐赠者之一，故宫博物院老一辈学者的代表。早在1943年，朱家溍先生即参加了故宫博物院文物保管和研究工作。中华人民共和国成立后，先生负责主持故宫文物原状陈列，依据大量历史档案，恢复了太和殿、养心殿等重要宫殿的原状陈设，为故宫博物院和国家鉴定了大量珍贵文物，许多之前被埋没的文物经其手而“重见天日”。

现在大家在太和殿看到的龙椅，就是朱家溍先生根据蛛丝马迹，在存放残破家具的库房中找出来的。朱家溍先生在《故宫太和殿“金銮宝座”发现记》中讲述了这一过程。1915年，袁世凯篡权称帝，对金銮殿中的陈设做了很多改动，其中一项就是将原有的御座——雕龙髹金大椅挪走，改为一把特制的中西结合、不伦不类的西式高背大椅。1947年，故宫博物院尝试恢复太和殿陈设，在众多藏品中寻找御座，但均不满意。一时间，太和殿原来的龙椅究竟长什么样，原物还在不在，成了一个疑问。1956年，朱家溍先生接受了一项任务，就是规划各殿陈设，看能否展示乾隆时代的风貌。1959年，他在一张光绪二十六年（1900）的旧照片上看到了从前太和殿内的原状，“根据这张照片进一步查找，终于在一处存放残破家具的库房中，发现一个残破的髹金雕龙大椅”，并从髹漆的方法和雕龙的造型判断，这张龙椅很可能是明嘉靖时重建皇极殿的遗物。1963年，故宫以宁寿宫的龙椅（乾隆年间完全仿照太和殿龙椅制作的，唯有龙头造型带有清代的风格）和康熙帝朝服像中龙椅图像为参考，对这把残破不堪的龙椅进行修复。“在整整一年之内，木活、雕活、铜活共用七百六十六个工日。到夏天伏雨潮湿的季节，由油工做油漆后，粘金叶。一九六四年九月，全部竣工，各工种共用九百三十四个工日。这个明代的龙椅修配完整以后，形体非常美观，椅背两柱的蟠龙十分生动，特别是组成背圈的三条龙，完全服从背圈的用途，而又不影响龙的蜿蜒凌空姿势。椅背采用圈椅的基本做法，座面下不采用椅腿、椅撑，而采用须弥座形式，这样就兼顾了龙形的飞舞和座位坚实稳重的风格。”朱家溍先生文章中精确的数字、精彩的描述令人赞叹！就像这样，朱家溍先生凭借自身渊博的学识与广泛的涉猎，多次解决院内外文物、历史方面的疑难问题。

修复后的太和殿宝座

朱家溍先生还酷爱戏曲，是京剧界泰斗杨小楼的得意门生，曾登台表演过不少精彩的京剧曲目，做过戏曲文物的学术研究，是一位难得的既有舞台实践，又有学术研究的全能型的学问大家。2014年，朱家溍先生诞辰

朱家溍先生居家照（朱传荣供图）

一百周年纪念，故宫博物院举办了一系列纪念活动，并与中国人民大学、北京外国语大学合作成立了故宫研究院宫廷戏曲研究所，以继承朱家溍先生曾经从事过的戏曲文物研究和戏曲艺术表演事业，弘扬他在戏曲方面的成就。

著述方面，朱家溍先生主编的《国宝》一书行销海内外，而他所著的《故宫退食录》集学术性、可读性于一体，是不可多得的经典之作。我要说的是，作为一位在故宫博物院工作的文博工作者，读朱家溍先生的书固然能学到许多文博专业知识，但我们似乎更应该关注朱家溍先生在纸后流露出来的那种善于发现美的情怀，他对故宫的典守珍护之情和孜孜不倦的治学精神。

三、善于发现身边的美

朱家溍先生治学的最大特点，是善于发现身边的美。因时代关系，除晚年之外，朱家溍先生一生很少有平静安生的大段时间让他来做学问，但无论在怎样艰苦的条件下，朱家溍先生都有一份从生活中发现美的情怀。抗战时期，朱家溍先生从北平到大后方重庆去，一路上使用了除飞机之外当时几乎所有的交通工具，包括长途步行。就是在这种极度劳累的情况下，在看到洛阳伊阙佛龛的题记碑文后，路途的疲惫一扫而光：“在家时只看到拓本，现在看见原石，更觉亲切。”“文革”时期，朱家溍先生被下放到湖北咸宁的“五七干校”，曾负责水稻育秧时的看水工作，看水时需守候在稻田边，彻夜不能睡。朱老事后常说：“这项工作虽然苦些，但

2014年，作者在朱家溍先生百年诞辰纪念活动上发言

也有意想不到的享受，就是雨天的雷电之美是原来从未看到过的，有一次竟然看到从天而降的一个大火柱，通天到地，真是难得一见的自然景观。”

朱家溍先生在生活中是这样善于发现美，工作与治学中也是如此。在故宫博物院，无论从事何种工作，朱家溍先生总是能从中发现隐藏着的美。先生曾在《我怎样干上文物工作的》一文中回忆道：“我在参加‘提集’‘编目’‘陈列’‘库房整理’等工作时，未曾见过的文物太多了，都要把它们从生疏变成熟悉。我觉得即使已经熟悉的事物，只要深入研究，对它的认识肯定就会有变化，何况自己研究的不知道的事物每日层出不穷，也可以说从青年到老年一直是这样的。”

因组织安排，朱家溍先生在故宫先后从事过书法、绘画、碑帖、珐琅器、漆器、古籍、家具、古砚、戏曲文物、宫廷文物的陈列和研究工作。这样的经历，为扩大朱家溍先生涉猎的文物门类提供了条件。加上他善于发现美的情怀，几十年如一日把“生疏的文物变成熟悉的文物，把熟悉的文物进行深入研究”的精神，才取得如此丰硕的学术成果。

朱家溍先生离开我们已 17 个年头了，作为故宫人，不管在何种岗位上，都需要有一双善于发现美的眼睛，珍惜故宫，研究故宫，呵护故宫。只有这样，才能发现藏在故宫中的大美。

第六讲
古建工程师『于工』

于倬云

于倬云（*1918—2004*），原名文汉。*1954*年调到故宫博物院，负责故宫古建筑修缮设计工作，主持了国内最早的故宫古建筑防雷装置的安装，提出了故宫第一个大型地下文物库房的设计方案，推动了现代科学技术在古建保护中的应用，并为故宫博物院培养了一批古建保护人才。

于倬云先生为故宫博物院教授级高级工程师、中国紫禁城学会名誉会长、国家文物局工程委员会成员、中国科协委员、著名古建筑专家、中国文物保护协会第一届副理事长。

于倬云先生是故宫古建筑保护的技术奠基人，做了一辈子的古建筑工程师，大家都亲切地称他为“于工”。于倬云先生长期从事古建筑保护工作，设计和主持设计的古建复原重建、修缮、维护、抢险加固等工程近百项，例如沈阳故宫大清门恢复重建工程、吉林省农安县古塔修缮工程、山海关城楼抢险修缮工程、北海团城衍祥门复原重建工程、山西五台山唐代南禅寺正殿修缮工程。面对古建筑修复中的一些重大难题，于倬云先生曾多次提出独到而富有远见的解决方案，令人钦服，赢得广泛的声誉。

于倬云先生出生于1918年12月，逝世于2004年12月，享年86岁。1938年考入北京大学工学院建筑系，师从朱兆雪、沈理源等知名建筑保护实践者，上学期间便热衷于中国古建筑研究。1941年6月，他毕业于北京大学工学院建筑系。1942年供职于华北建设总署都市局营造科。1945年8月至1949年2月，他在北平文物整理委员会工作，主管材料兼工程设计，参与北平文物建筑的保护事业。1954年，他正式调入故宫，负责故宫古建筑修缮设计工作。

于倬云先生与故宫博物院结缘很早。早在北平文物整理委员会工作期间，他就参与到故宫古建筑的维修保护中来。1949年以后，在北京文物整理委员会工作时，于倬云先生作为工程小组的成员，又参加了故宫古建筑的抢修与整治工作，并帮助故宫博物院逐渐建立起自己的施工队

1951年故宫古建安装首批避雷针过程

伍。1954年，故宫博物院第一次正式建立了古建筑保护的业务部门——修建处，于倬云先生作为北京文物整理委员会的主要工程师，为支援故宫古建筑修缮设计工作调入故宫博物院。从此他开始主持故宫古建筑的维修保护设计工作，包括20世纪50年代后半叶的故宫西北角楼大修、三年困难时期的故宫午门城楼加固等古建筑维修保护工程，主持了国内最早的故宫古建筑防雷装置的安装，提出了故宫第一个大型地下文物库房的设计方案，推动了现代科学技术在古建保护中的应用，并为故宫博物院培养了一批古建保护人才。1979年，于倬云先生担任故宫博物院古建部副主任，1983年任高级工程师，1988年任教授级高级工程师，参与和主持三大殿、武英殿、端门、畅音阁等众多维修保护工程。在工程实践中，于倬云先生一方面深入研究历代建筑法式和设计理论，一方面将现代科学技术运用于古建筑保护领域中，开创了古建筑保护的新局面。

于倬云先生是中国紫禁城学会名誉会长、国家文物局工程委员会成员。1992年，他被国务院评为享受政府特殊津贴的突出贡献专家。于倬云先生开创了国内古建筑防雷设计的先河，1957年就开始为故宫院内20多处高大建筑安装避雷装置，后来又不断地更新换代，我们今天的防雷装置都是在这个基础上逐步建立起来。20世纪70年代，他作为总工程师负责故宫博物院五至七年规划的实施。这个庞大的规划解决了故宫博物院基础建设层面的诸多问题，热力、电力、电讯、消防、供水、采暖等设施都得到了升级，其中的一些设备我们今天仍在使用。故宫博物院的地下文物库房，最初提出这个方案的也是于倬云先生，解决了当时上百万件文物的存放问题，现在地下库房建设已经三期。

古建部

在从事古建筑保护的半个世纪里，他注重学术研究，发表了数十篇高质量的学术文章，主编和参编了数本学术专著与画册。于倬云先生主编的大型著作《紫禁城宫殿》，是故宫博物院出版的第一部全面系统介绍故宫古建筑的专著，该书出版后，即得到国内外很多学者的称赞，相继出版英文版、日文版。他与楼庆西先生合作主编的《中国美术全集·宫殿建筑》卷，获建工部1990年首届全国优秀建筑科技图书部级一等奖。他参加制定的《古建筑木结构维护与加固技术规范》是古代建筑保护的重大成就之一，获建设部1996年科学技术进步一等奖。他撰写的《斗栱的运用是我国古代建筑技术的重要贡献》一文，不仅从构造原理与斗栱的功能上阐述其发展，而且从建筑材料的发展，通过力学原理计算，论证了出檐与斗栱的变化。

于倬云先生在中国建筑历史和工程技术方面能够融汇中西。鉴于他丰富的古建筑保护经验和学识，国内外许多大学建筑系、研究生院聘请他主授古建筑专业课程。他为古建筑工程技术教育做出了重要的贡献，桃李满天下，为学界敬仰。他的文集《中国宫殿建筑论文集》收入了《紫禁城始建经略与明代建筑考》《故宫三大殿形制探源》等23篇论文，体现了高屋建瓴、严谨求实的风范，是于倬云先生一生实践与理论的结晶。

2018年是于倬云先生诞辰百年纪念，故宫博物院东华门古建馆举办推出了“故事集：古建工程师的一甲子——于倬云诞辰百年纪念展览”，作为故宫古建守护者系列展览之一，展示于倬云先生作为古建工程师在一甲子中的辛勤耕耘，以及从民国到20世纪末的不同历史时

图左《紫禁城宫殿》书影
图右 故宫东南角楼

期，一个坚定的故宫守护者对时代的回应。展览开幕当日，在故宫建福宫花园敬胜斋召开“于倬云诞辰百年纪念座谈会”。曾经与于倬云先生共事过的同人、学者齐聚一堂，深切怀念先生的高尚品格，回忆往昔共同的工作经历和先生在学术研究及古建筑保护实践领域的重大贡献。

于倬云先生热爱祖国、热爱文物古建筑事业、热爱故宫，感情至深。他兢兢业业，克己奉公，为人谦诚，作风朴实。他的卓越成就与崇高品德将永远被人们学习和怀念。如果说艺术家的作品可以是一幅画，那么于倬云先生作为古建筑工程师的作品就是我们脚下的这座紫禁城。当我们看待今天所取得的成果时，应当回头看看故宫博物院的前辈们为我们打下了怎样的基础，因为我们今天的工作成果是他们开启事业的延续和发展，这是从哪里来、到哪里去的问题。同时，我们从前辈们那里

2018年12月于倬云诞辰百年纪念展览开幕活动

继承下来的不仅是这项事业本身，更重要的是对他们的精神与智慧的传承。我们纪念于倬云先生，不仅是对历史的梳理，也是对老一代故宫古建筑保护者精神世界的眺望。

第七讲 成长于故宫的古建专家

傅连兴

傅连兴（*1933—1998*），出生于北京。自*1949*年开始，在故宫博物院长期从事古建筑保护工作，先后担任技工、技术员、工程师、高级工程师，参加并主持过多项重要古建筑修缮工作，是我国著名古建筑专家。

傅连兴先生1933年7月出生于北京，幼年曾读私塾，1947年就随父亲来到故宫博物院，先后在太庙图书馆、故宫图书馆任公务员。1949年以后，随着故宫古建筑维修保护事业的开展，他开始在古建筑管理部门从事古建筑维修测量、制图、设计等工作，先后担任技工、助理技术员、技术员、工程师、高级工程师，在实际工作中锻炼成长起来，参加和主持过多项重要工程的维修设计工作。

在担任故宫博物院古建部主任期间，傅连兴先生主持制定了1989至1995年故宫古建筑修缮七年规划，主持筹办了紫禁城宫殿建筑展览。在工作中他积累了丰富的实践经验，并通过自学，系统地掌握了基础理论与专业技术，成为我国当代古建筑专业领域知名的专家。傅连兴先生在工作中十分重视对青年人的业务培养，对年轻员工的设计、制图严格辅导，及时纠正制图上存在的问题，使故宫博物院古建部的青年工程技术人员在设计和制图方面有了显著的进步。

傅连兴先生于1956年参加于倬云先生主持的故宫首批避雷针安装工程设计，此项工作开辟了全国古建筑防雷工作的先声，为以后古建筑防雷积累了经验。他先后主持过多项故宫古建筑工程设计，例如1963年主持完成了故宫午门正楼加固工程设计，对已开始断裂的五架梁采用桁架加固的办法，使这座清代顺治时期的建筑物，未经挑顶大修得以原式保持下来，迄今完好，并节约了三分之二的维修经费。1977年他在故宫畅音阁修缮工程中，由于底层井口枋严重糟朽，经采用双面钢桁架加固处理，避免了落架大修，使这座仅存的清乾隆时期的宫廷大戏楼得以原状保存并节约了大笔修缮费用。

傅连兴先生在家中工作（傅钧供图）

畅音阁戏台外景

为了古建筑保护事业可持续发展，傅连兴先生认为需要改变过去某些不科学的工作方法，例如在古建筑维修保护中，对残坏部位和部件，常常采用原式制作更换的处理方式，但是这种简单的原式更换，常常因某一构件的更换，牵扯到许多构件乃至整座建筑。因而他提倡多做科学分析，对残坏程度、对构件的安全与否，要通过计算来验证，提倡多用加固的办法进行维修，不到万不得已，切勿大动干戈，切忌简单从事，以使更多的古建筑得以原状保存。傅连兴先生指出，多年来在古建筑维修保护中，往往注意力多集中在法式考证、细部手法方面，这些固然十分必要，但是对结构受力方面的分析则显得不够。对古建筑的残坏，常常满足于原式修复，特别是面对残坏的承重构件，不能做出准确的判断，缺乏科学的分析计算，造成得出不科学的结论。例如对残坏程度估计过高，使小修变中修，中修变大修，把可以继续使用的构件换掉，造成人为的破坏；对残坏程度估计过低，则会给古建筑留下隐患，以至于造成更大的损失。

从事古建维修设计工作三十多年，傅连兴先生曾参加及主持过一些较重要的工程设计，例如原北大红楼抗震加固工程、苏州虎丘云岩寺塔加固工程、景山寿皇门复原工程、扎伊尔总统府中国式园林设计等，解决了其中一些重大的技术问题。他与崔兆忠先生合作的红楼抗震加固工程获文化部科技奖。经院工程技术职务评委会评议，全体委员七人一致同意推荐他为高级工程师。

另外，在 1995 至 1996 年，傅连兴先生主持三峡地上文物保护工程的规划制定和概算定额编制工作，对白鹤梁、石宝寨、张飞庙等特殊项目进行论证，并指导设计部门进行修改。先后参加青海塔尔寺、太原晋祠圣母殿等10余项重点维修工程的验收；对青海瞿昙寺等重点维修工程进行技术指导；参加山西上华严寺、正定隆兴寺维修工程，虎门炮台保护，洛阳龙门景区、荆州城市规划等项目论证；对民族、民俗文物的保护进行专题讨论，参加山海关长城博物馆、鲁迅博物馆新馆的方案设计；参加中日文物保护学术交流，古建筑及文物保护培训班授课；等等。

担任国家文物局古建专家组成员后，傅连兴先生参加和完成了30多项全国重点文物保护单位送交国家文物局的设计方案的制定、审查、工程验收、项目论证等。特别是在身体状况不佳的情况下，他三次赴西藏拉萨，参加布达拉宫维修方案的修正和工程验收。对于每一份报批文件他都认真审定，一丝不苟，科学、认真、准确地贯彻执行文物保护法规，为古建筑保护事业做到了尽职尽责。

傅连兴先生对文物事业忠心耿耿，任劳任怨。由于工作突出，成绩显著，享受国务院颁发的政府特殊津贴。他还担任中国文物学会常务理事、中国文物学会传统建筑园林委员会副会长、紫禁城学会副会长等职务，在这些组织开展的活动中，都发挥了积极作用。但是，正当他为文物事业奋斗之时，病魔却使他过早地离开了所热爱的事业。

2018年8月23日，故宫博物院、中国文物学会传统建筑园林委员会联合主办“傅连兴先生逝世二十周年追思会”，缅怀他为中国古建筑保护做出的突出贡献。在故宫博物院建福宫花园，一幅幅反映傅连兴先生参与重要工程项目或学术活动的珍贵照片，展现了他丰富多彩且饱含

图上 纪念傅连兴先生逝世二十周年追思会现场

图下 作者与傅连兴先生家人合影

“工匠精神”的古建人生，让与会者感受颇深。傅连兴先生毕生从事古建筑的保护工作，通过大量的工程实践和不断的自修钻研，对我国古代建筑结构、法式、构造等有了比较全面系统的知识，特别是在古建筑保护技术领域勇于开拓，将现代科学技术运用于古建筑保护，并做出了突出贡献，取得了显著成绩，推动了古建筑保护事业的发展，得到了社会及文物界同人的好评。他实现了自己为古建筑保护事业奋斗一生的誓言。

第八讲 故宫老院长

张忠培

张忠培（*1934—2017*），祖籍湖南长沙，著名考古学家，吉林大学考古专业的创建者。*1956*年毕业于北京大学历史系考古专业。曾任故宫博物院院长、故宫研究院名誉院长、故宫博物院学术委员会副主任委员等职。

1987 年，张忠培先生被国务院任命为故宫博物院院长。在任短短两年多的时间里，他为故宫博物院的安全、完整和长远发展做出了重大和独到的贡献。

我梳理了一下，张忠培先生对故宫博物院有四个方面的贡献：

一是他明确了故宫博物院的性质，是一座综合性的博物馆，而不仅仅是清宫遗址，也不仅仅是艺术博物馆。二是他建立了人才引进制度。1988 年，张忠培院长从社会上引进了多位硕士生、本科生，从那以后，故宫博物院严格把关，招聘更多的优秀人才。三是他建立了院长负责制和各部门的岗位责任制。四是他就任伊始就对筒子河两侧、端门等一些被其他单位侵占的文物建筑进行坚决收复。一次次给国务院打报告，和其他单位沟通，做了很多基础工作，使一些被占文物建筑回归故宫博物院管理。例如，某次会议曾留下纪要，一旦中国历史博物馆新馆建成，端门和端门广场便交还故宫博物院管理。后来中国国家博物馆建成以后，这份纪要就成了端门和端门广场回归的依据。

回顾张忠培老院长的治院理念、施政策略和宏伟规划，我感佩良多，获益匪浅。“怎样办有故宫博物院特色的博物院”“怎样保护好紫禁城建筑及其文物”“怎样运转好故宫博物院这个机构”“如何筹谋故宫博物院的长远发展”等一系列作为故宫博物院院长必须面对的问题，张忠培先生以自己的实际行动做出了完美的回答。他用不懈的努力交给了我们一个完整的紫禁城，带给了故宫博物院近三十年来健康稳定的跨越式发展。

一、怎样办有故宫博物院特色的博物院

这是故宫博物院院长必然面对的一个核心命题。张忠培先生自入院任职之初即对这一命题进行了深刻思考，并将宫廷历史、宫殿建筑、古代艺术，作为构成故宫博物院特色的三项重要内容加以阐述，明确了故宫博物院的发展方向。

早在1987年，张忠培先生就明确指出，故宫博物院的优势就在“故宫”两字上，这个优势是历史形成、客观存在、不以人们意志为转移的。因此，故宫博物院的主要任务有两项：一是“保”，将故宫作为一个整体，安妥保存下去，这是一切工作的前提；二是“特”，利用故宫的优势，搞出故宫的特色。“保”与“特”，他用最简洁的两个字概括了故宫博物院管理的两大核心问题。

基于这一认识，他借助各种机会向国家文物局、文化部和国务院主管领导阐释故宫博物院的性质和功能，促使各方达成共识。经过一段时间的研究和论证，国家明确了关于故宫博物院性质和职能的两个基本表述：故宫博物院是在明清皇宫及其文物收藏的基础上建立起来的，以明清宫廷历史、宫殿建筑和古代艺术为主要内容的综合性博物院；故宫、故宫文物，是中华民族几个朝代乃至五千年历史的遗存物，是中华民族文明的结晶，是中华民族历史的象征。故宫博物院是中外闻名的国家级博物院，不是休闲娱乐的场所。这种定性定位，对于正确处理文物保护与利用的关系，以及故宫博物院各项工作的开展具有重大而深远的指导意义。

二、如何保护好紫禁城建筑及其文物

这是故宫博物院院长必须承担的一个中心任务。张忠培先生在任期间，始终恪守典守之职，视保护古建筑和文物的安全为故宫博物院的生命，视维护古建筑和文物的完整为故宫博物院的使命。秉持这些理念，他制定了完整地保护紫禁城及紫禁城文物体系的原则，并狠抓了文物保护工作。一是通过限流、设计参观路线等着力解决破坏性开放问题；二是重新确定故宫保护范围，“紫禁城东、西、北三面护城河及其外沿以内和南面东西两侧护城河及其外沿以内”均重新划入故宫保护范围；三是积极交涉抗战期间留存南京文物的事宜；四是研究制定藏品编目计划。张先生多年来从事考古发掘及相关资料的整理和研究，形成了“学

2012年考察长沙铜官窑合影，右二为张忠培先生，右三为郑欣淼先生

图上
2014年《中国陶瓷谱系研究》新闻发布会

图下
张忠培先生在2014年『长沙铜官窑——海上陶瓷之路起点』论证会上发言

2016年《故宫保护总体规划》评审合影，前排居中者为张忠培先生

术研究之材料当为天下之公器”的理念。他将之应用于故宫博物院文物藏品管理工作之中，是富有远见的。目前，故宫博物院藏品大系的编纂及藏品目录的公布均秉承了这一理念。

三、怎样运转好故宫博物院这个机构

这是故宫博物院院长必须深思的一个关键问题。张忠培先生在职期间，始终秉持解放思想、勇于创新的精神，狠抓管理体制改革，率先提出实行院长负责制，在全院推行岗位责任制，推动故宫博物院管理的科学化和规范化。

四、如何筹谋故宫博物院的长远发展

这是故宫博物院院长应当具备的一个重要素养。张忠培先生始终以做强故宫博物院为职志，注重人才培养和学术研究，强调科学规划。

他从完善人才知识结构入手，有计划地引进大批高等院校的专业人才。以1988年为例，故宫博物院共录用8位硕士研究生和4位本科生。他们大多来自北京大学、吉林大学、中国人民大学、中国社会科学院、中央美术学院等高等院校和科研机构，其专业主要集中于历史、考古和美术史等相关专业。经过多年的培养和成长，目前这批人才多数已成为中国文博领域的知名学者或文博单位的领导者。

他从完善学术机构设置入手，开始实行专业技术职务任命制，并做

图上
2017年7月25日张忠培先生追思会

图下
2018年6月20日吉林大学考古学院成立大会

图上
2017 年故宫博物院与吉林大学签订战略合作协议

图下
2018 年『张忠培先生考古学术之路』研讨会

了许多具有开创性的工作：设立故宫博物院学术委员会，并取得审批文博系统正、副高级专业职务的权力；推动研究室职能改革，将科研、科研管理和学术委员会办事机构三个职能集为一体；加强宫廷历史研究，组织国际学术会议，推动业务工作、学术研究和文化交流之间的联系与并举发展。

他从编制中长远规划入手，确立办院方针、原则和目标，并注重各部处具体规划与全院总体规划之间的配合与协调。《故宫博物院七年发展规划（1989—1995）》从全国重点文物保护单位及世界文化遗产保护与发展的视角，对故宫博物院各项主要业务进行规划设计。在长期对故宫博物院发展方向的思考中，在关注全国文物保护工作的实践中，张忠培先生又提出了“平安的故宫、学术的故宫、完整的故宫、强大的故宫”的概念，为故宫博物院的长远发展指明了方向。

不谋万世者，不足谋一时；不谋全局者，不足谋一域。张忠培先生以考古学家的科学态度和严谨作风为故宫博物院的全局性发展谋篇布局，为故宫各项事业的发展奠定了坚实基础。

桃李不言，下自成蹊。张忠培先生是培养出了无数优秀人才的老师、继承与发展了中国考古学伟大事业的学者、在国家文物保护事业中力挽狂澜的老专家、为故宫博物院永续发展留下浓墨重彩一笔的老院长。斯人已逝，精神长存。我们将在张忠培先生为我们开拓出来的道路上，继续前进。

第九讲 『故宫学』的创始人

郑欣淼

郑欣淼，1947年生，陕西省澄城县人，曾任中共中央政策研究室文化组组长、青海省副省长、国家文物局副局长等职务。2002年至2012年，任文化部副部长兼故宫博物院院长，全面主持故宫博物院各项事务，并于2003年首倡“故宫学”。现任故宫博物院故宫研究院院长。长期从事诗词创作，中国作家协会会员，中华诗词学会会长。出版各类著作30余部。

2015年『明代御窑瓷器对比展』开幕式

如何判断故宫的价值，如何阐释故宫博物院的内涵，不同历史时期的故宫博物院院长对此有各自的见解。20世纪50年代，吴仲超先生对如何将故宫博物院建设成为一座中国特色社会主义博物馆进行了探索与实践，并将故宫博物院定位为集历史艺术、古建筑、宫廷三大体系于一体的综合型古代艺术博物馆。20世纪80年代，张忠培先生对怎样建设有故宫博物院特色的博物馆进行了思考和规划，并将故宫博物院定位为以明清宫廷历史、宫殿建筑和古代艺术为主要内容的综合性博物院。

及至21世纪初期，郑欣淼先生对如何认识故宫的价值和故宫博物院的内涵进行了研究与阐述。在故宫博物院工作的十年间，郑欣淼先生始终坚持以历史的分析态度，辩证地看待故宫博物院的历史经验，并形成其对故宫价值和故宫博物院内涵的判断以及故宫博物院管理理念的转

变。基于对故宫文化整体性这一基本认识，郑欣淼先生为故宫博物院规划了两条发展道路：以完整故宫保管理念指导文物保护及博物院管理的发展道路，在“故宫学”框架内推动学术研究及建构学科体系的发展道路，并在多个方面做出卓越实践。

一、领衔故宫十年古建修缮

中国建筑的土木结构特点，决定其需时常维修保养。紫禁城自肇建以来，建筑构件、装饰及彩画等历经不定期地维护、修葺和粉饰，其建筑格局和历史风貌才得以基本保持。自1925年10月10日故宫博物院建院以来，古建筑修缮更是成为博物馆管理的一项基本任务。

郑欣淼先生于2002年10月受任文化部副部长兼故宫博物院院长，全面主持故宫博物院各项事务。十年里，他一直将组织和实施好故宫古建筑修缮工程作为故宫博物院事业发展的重中之重。故宫古建筑修缮工程的决策与规划，见证了中国政府加强文物保护的重大行动力，为完整故宫保护计划的探索实践奠定了基础。

为了落实国务院整体修缮故宫的决定，故宫博物院专门组织成立专家咨询委员会，切实执行《中国文物古迹保护准则》，坚持“最少干预”的原则，尽可能保留原有建筑历史信息，保持文物的真实性和完整性；拟定了故宫古建筑修缮的年度规划、七年规划以及中长期规划，并制定《故宫保护总体规划大纲》，深入研究和正确阐释了故宫的性质和故宫博物院的功能：故宫与其文物藏品，具有不可分割的统一性；故宫和故宫博物院是故宫文化的统一载体。在故宫古建筑修缮工程的组织与实施过程中，故宫博物院自觉地将古建筑修缮工程与故宫博物院整体发展相结合，坚持古建筑保护与利用并举，强调古建筑维修与原状保护相结合，重视古建筑保护与基础建设和陈列展览结合。

经过十年的坚持与努力，中轴线上的午门、太和门和太和殿地区古建筑修缮工程已经完成，以东、西六宫为中心的内廷区域古建筑正逐步得到修缮，基本完成了“实现故宫完整保护，再现庄严、肃穆、辉煌的盛世风貌，充分展示历史文化价值与内涵”的修缮目标。

故宫古建筑修缮工程的组织与实施，不仅提升了故宫古建筑保护的发展水平，也为传统官式建筑营造技艺的传承创造了机遇。故宫古建筑修缮工程的组织与实施，始终坚持理论源于实践的原则，每一项修缮工程均有详细记录，并尽可能地形成研究成果或理论总结，以备后人借鉴和研究。因此，在古建筑修缮工程的组织与实施过程中，故宫博物院自觉地承担起挖掘、传承和抢救传统古建筑营建修缮技艺的责任，并进行了大量的具有探索价值和开创意义的实践工作。

比如，为了恢复倦勤斋的历史风貌，2003年故宫博物院与美国世界建筑文物保护基金会合作实施“倦勤斋修复室内装饰装修合作保护项目”。该项目在历经一年的详细调研和周密准备后启动，并在历时五年的复杂挑战和精细修复后实现全部既定目标。这不仅对故宫古建筑内装修保护进行了有益的探索和宝贵的尝试，而且积累了丰富的理论与实践经验。

经过十年的探索与总结，故宫古建筑修缮工程在修缮技艺的传承

截至2011年底故宫修缮工程进展示意图

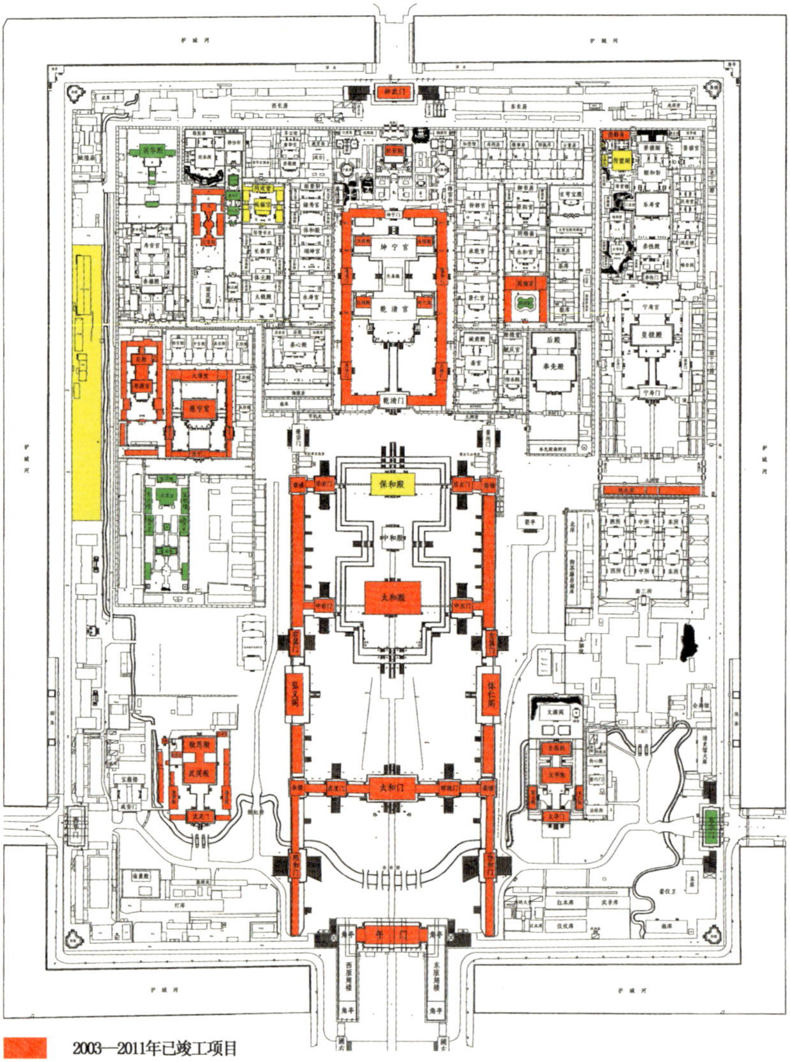

2003—2011年已竣工项目

正在施工项目

计划施工项目

创新方面收获了丰硕的成果。2008 年 6 月，“官式古建筑营造技艺”被列入第二批国家级非物质文化遗产名录，标志着故宫古建筑保护事业由单纯的注重修缮，逐渐向全面传承古建筑营建修缮技艺方向发展。2010 年，《倦勤斋研究与保护》出版，凝结着人类智慧且展现紫禁城古建筑内装修的最新研究成果和实践经验，得以向世人公布。2011 年，《故宫古建保护工程实录·武英殿（一）》出版，用档案、文献、图片等多种资料建立起武英殿建筑的信史。2011 年 12 月，故宫博物院成立故宫世界文化遗产监测中心，为故宫世界文化遗产保护研究提供系统数据，为管理决策提供科学依据。2012 年，《明代宫廷建筑大事史料长编·洪武建文朝卷》出版，系统翔实地梳理了包括紫禁城在内的明代宫廷建筑的历史资料。

二、组织故宫七年文物清理

在组织实施故宫古建筑修缮工程的同时，郑欣淼先生紧迫地感觉到必须对故宫博物院的文物藏品进行一次大规模的清理。因为，文物藏品是博物馆赖以存在以及开展业务活动的基础，藏品质量的高低和数量的多少是衡量一个博物馆地位及其作用的主要条件。弄清楚文物藏品的种类和数量，才能进行有效的保护，才能进行深入的研究，这是博物馆事业发展的首要基础，也是故宫博物院迈向世界一流博物馆进程中必须做好的重要任务。为此，郑欣淼先生深入库房，查阅档案，撰写了 9000 余字的《关于故宫博物院彻底清理文物藏品的研究报告》。

该报告系统梳理了自1924年清室善后委员会点查清宫物品以来的四次文物大清理，客观分析了进行彻底清理文物藏品所具备的条件，规划了彻底清理文物藏品的九项工作，并提出了将文物藏品清理工作与提升文物管理水平相结合的四点要求。这份报告为制定故宫文物藏品七年清理工作规划奠定了基础和依据。

2004年10月，故宫博物院编制了《故宫博物院2004—2010年藏品清理工作规划》，计划用七年时间对全院藏品及所有库房、宫殿进行一次全面彻底的清查和整理，并开列了文物清理的工作内容和时间进度。截至2010年底，故宫博物院完成了在册94万余件文物的账、卡、物三核对，完善名称、定级、计件及统计工作；完成了对在册或不在册文物资料进行整理，予以登记、造册，以及180122件资料提升文物的工作。值得一提的是，院藏古籍、善本、书版等一直沿用图书馆的保管方法，未对其进行文物定级，也未按照文物要求加以管理。在此次文物清理过程中，图书馆对其管理的19个库房共计603061余件（册、块、幅、包）藏品进行了彻底清理，共计整理文物564713件、资料38348件，并按照文物要求完成了相应账目的编制和录入工作，包括对近20万册古籍善本、特藏及院藏20多万块珍贵书版的整理、核对、定级、编目、登录工作。这是自1925年故宫博物院图书馆建立以来最全面、最彻底的一次大清点。

经过七年清理核对，故宫博物院完成了“摸清家底”的任务。据统计，故宫博物院当时有珍贵文物1684490件（套）、一般文物115491件（套）、标本7577件（套），共计1807558件（套）。其中珍贵文物占全院文物总量的93.2％，占全国公藏珍贵文物总量的41.98％。七年文物

《故宫博物院藏品总目》示例

故宫博物院藏品总目

藏品编号	藏品名称	时代
故00142984	邢窑白釉葵口碗	唐
故00142985	定窑白釉刻“徐六师记”铭皮囊壶	唐
故00142986	定窑白釉印泥盒	宋
故00142987	白釉碗	五代
故00142988	白釉塑贴兽面耳罐	五代
故00142989	越窑青釉双系执壶	五代
故00142990	钧窑玫瑰紫釉海棠式花盆	宋
故00142991	钧窑天蓝釉三足炉	宋
故00142992	钧窑玫瑰紫釉海棠式花盆	宋
故00142993	钧窑天蓝釉海棠式花盆托	宋
故00142994	钧窑天蓝釉六方花盆	宋
故00142995	钧窑玫瑰紫釉鼓钉三足洗	宋
故00142996	钧窑天蓝釉大碗	宋
故00142997	钧窑天蓝釉碗	宋
故00142998	钧窑天蓝釉碗	宋
故00142999	钧窑天蓝釉盘	宋
故00143000	钧窑天蓝釉盘	宋
故00143001	钧窑天蓝釉盘	宋
故00143002	钧窑天蓝釉折沿盘	宋
故00143003	钧窑天蓝釉碟	宋
故00143004	钧窑天蓝釉盘	宋
故00143005	钧窑天蓝釉三足炉	宋
故00143006	钧窑天蓝釉长方花盆	宋
故00143007	钧窑玫瑰紫釉菱花式三足花盆托	宋
故00143008	钧窑玫瑰紫釉长方花盆	宋
故00143009	临汝窑青釉盘	宋
故00143010	耀州窑青釉葵瓣口碗	宋
故00143011	临汝窑青釉碗	宋
故00143012	耀州窑青釉划花水芙蓉纹碟	宋
故00143013	耀州窑青釉印花缠枝莲纹碗	宋
故00143014	汝窑天青釉洗	宋
故00143015	汝窑天青釉洗	宋
故00143016	耀州窑青釉印花碗	宋
故00143017	汝窑天青釉洗	宋
故00143018	汝窑天青釉洗	宋
故00143019	汝窑天青釉洗	宋
故00143020	汝窑天青釉洗	宋
故00143021	耀州窑青釉刻花落花流水纹碗	金
故00143022	耀州窑青釉刻花落花流水纹碗	金
故00143023	耀州窑青釉划花水藻纹碗	金
故00143024	耀州窑青釉刻荷莲纹碗	金
故00143025	耀州窑青釉刻荷莲纹碗	宋
故00143026	耀州窑青釉蒲唇水丞	宋
故00143027	耀州窑青釉刻花落花流水纹碗	金
故00143028	官窑青釉小水丞	宋
故00143029	官窑青釉方花盆	宋
故00143030	官窑青釉菱花式碟	宋
故00143031	官窑青釉菱花口折沿碟	宋
故00143032	官窑青釉菱花式碟	宋
故00143033	官窑青釉菱花式碟	宋

陶瓷

陶瓷

共371897件（套）

藏品编号	藏品名称	时代
故00143034	官窑青釉菱花式碟	宋
故00143035	官窑青釉菱花式碟	宋
故00143036	哥窑青釉双耳三足炉	宋
故00143037	仿哥釉刻花莲花式碗	明
故00143038	龙泉窑青釉出戟三足炉	宋
故00143039	龙泉窑青釉三足炉	宋
故00143040	龙泉窑青釉出戟三足炉	宋
故00143041	龙泉窑青釉塑贴螭虎纹盖瓶	宋
故00143042	龙泉窑青釉刻双鱼纹洗	宋
故00143043	龙泉窑青釉刻划花卉纹盖瓶	宋
故00143044	龙泉窑青釉琮式瓶	宋
故00143045	仿龙泉釉三足鬲式炉	清
故00143046	龙泉窑青釉刻花碗	宋
故00143047	龙泉窑青釉河滨遗范铭盘	宋
故00143048	龙泉窑青釉凸雕缠枝芙蓉纹三足炉	宋
故00143049	龙泉窑青釉凸雕莲瓣纹碗	宋
故00143050	龙泉窑青釉弦纹炉	宋
故00143051	龙泉窑青釉碗	宋
故00143052	龙泉窑青釉菊瓣洗	宋
故00143054	定窑白釉印花缠枝莲纹盘	宋
故00143055	定窑白釉印花荷莲缠枝牡丹纹盘	北宋
故00143056	定窑白釉印花缠枝莲纹盘	宋
故00143058	定窑白釉印花荷花双鱼纹盘	宋
故00143059	定窑白釉刻花荷莲纹折腰碗	北宋
故00143060	定窑白釉印花双鱼纹盘	宋
故00143061	定窑白釉印花缠枝莲纹盘	宋
故00143062	定窑白釉划花撇口碗	宋
故00143063	定窑白釉印花缠枝牡丹纹盘	北宋
故00143064	定窑白釉印花吴牛喘月缠枝牡丹纹盘	金
故00143065	定窑白釉印花荷莲双鱼纹盘	北宋
故00143066	定窑白釉印花荷莲牡丹纹盘	北宋
故00143067	定窑白釉刻花里蟠螭外莲瓣纹盘	北宋
故00143068	定窑白釉划花萱草纹盘	北宋
故00143069	定窑白釉刻花萱草纹洗	金
故00143070	定窑白釉划花碟	宋
故00143071	定窑白釉印花碟	宋
故00143072	定窑白釉葵花式碟	宋
故00143073	定窑白釉划花圆洗	宋
故00143074	定窑白釉折沿单柄洗	金
故00143075	定窑白釉花式碗	北宋
故00143076	定窑白釉划花荷花纹葵瓣碗	宋
故00143077	定窑白釉碗	北宋
故00143078	定窑白釉划花葵花式碗	宋
故00143079	定窑白釉刻花荷莲纹花口碗	北宋
故00143080	定窑白釉刻花蟠螭纹洗	北宋
故00143081	定窑白釉刻乾隆御制诗碗	金
故00143082	定窑白釉印花凤穿花纹笠式碗	北宋
故00143083	定窑白釉印花折枝花卉纹花口碗	北宋
故00143084	定窑白釉划花葵花式碗	宋
故00143085	定窑白釉划花荷花式碗	宋

首页 上一页 下一页 尾页　　跳到 ____ 页 确认 当前页：1/3719

清理，是故宫博物院开展的一项关于如何加强文物藏品保管能力、如何提高文物藏品利用水平的基础工作。七年文物清理，又是故宫博物院发起的一场关于如何看待文化遗产、如何认识故宫价值的理念创新。

长期以来，故宫博物院保存的传世的铜、瓷、书、画等艺术品，为人们所珍爱，被视为“宝物”。不少宫廷历史文物则未被作为文物对待，或仅列为“文物资料”，其原因主要是这些遗物存在缺乏艺术性、不完整性、大量重复性、时代晚近性、材质普通性等问题。受此观念影响，故宫博物院的大量藏品未列入文物序列，有些甚至未纳入文物资料序列。

针对这一情况，郑欣淼先生在“故宫学”视野之下阐述了如何看待故宫文物藏品的问题。他指出，“宫廷遗存是反映故宫历史不可分割的活见证”，“宫廷遗存与古建筑、宫藏历代文物密不可分并具有同等的重要性”。根据这些观点，故宫博物院除了对在册94万余件文物进行彻底清理以外，重点推进了文物资料的整理以及资料提升文物的工作。据统计，书画部完成了22703件帝后书画、1724件秋醒楼遗漏的近现代书札的整理，并从历年积存的碑帖藏品中提升文物3095件，确定碑帖资料975件；器物部完成22类、46002件套文物资料的整理，新增13万件清代历朝钱币文物；宫廷部在旧有原始底账记录不足1万件文物资料的基础上，整理出文物资料51678件，并完成了22861件资料提升文物的工作。古建部对其保管的4180余件建筑实物进行清理核对，并形成一套较为完整翔实又便于增添和调用的古建筑文物资料电子账目。图书馆对存放在东南角楼、东北角楼、西北角楼和东华门城楼上的23万余块清宫镌刻的经版和书版进行清理，并对英华殿清理出的古旧书刊3万余册（其中1911年以前的古籍1.4万余册）进行了编目。

进入21世纪，数据库应用和信息化建设成为不可阻挡的发展潮流。对于拥有庞大数量藏品的博物馆来说，建立藏品数据库和推动信息化管理是博物馆管理的一项基本内容。此次文物清理工作以20世纪90年代所整理的藏品目录为基础，适时地推进了文物藏品数据库的建设。文物管理系统的建立和完善，既切实发挥文物信息保管与利用的功能，又全面提升了故宫博物院的管理水平。

基于七年文物清理的工作基础，故宫博物院还适时推动《故宫博物院藏品总目》的公布和《故宫博物院藏品大系》的出版。2013年1月，故宫博物院通过网站首次向社会公布第一期《故宫博物院藏品总目》简目，内容包括藏品编号、名称、时代等，范围涵盖故宫博物院一级、二级、三级珍贵文物，以及一般文物和陶瓷标本，共计18大类66万件。截至2014年，《故宫博物院藏品大系》已经出版《雕塑编》9卷、《玉器编》10卷、《珐琅编》5卷、《善本特藏编》20卷、《绘画编》12卷、《书法编》13卷，共计69卷。

三、挖掘四项国家非遗

在故宫古建筑修缮及故宫文物清理有序进行之时，正值全国非物质文化遗产保护事业如火如荼开展之际。基于对故宫文化整体性的认识，郑欣淼先生要求故宫博物院自觉地担负起保护非物质文化遗产的职责，并提出了开展非物质文化遗产保护工作的三项要求：一是对官式古建筑技术及建筑艺术的传承，二是对文物保护及修复技艺的传承，三是对宫廷遗物中具有非物质文化遗产意义的物品的抢救。

根据非物质文化遗产的特点和故宫博物院的实际情况，故宫博物院文保科技部牵头对文物修复技艺进行了挖掘与继承。据文献记载，清宫造办处专门从全国各地汇集各类专门人才从事宫廷藏品的保管与修复工作，但清末民初的社会变迁，使得大批宫廷文物修复高手逐渐散落民间，仅剩一批钟表修复师傅在故宫博物院工作。及至20世纪五六十年代，吴仲超先生任故宫博物院院长时期，又陆续将上海的郑竹友、金仲鱼等临摹书画人才，苏杭等地的杨文彬、张耀选、孙承枝等一些裱画名

修复后的莲鹤方壶

家，京津冀一带的古德旺、赵振茂等一批青铜修复专家集聚到故宫博物院，并逐渐在文物修复领域形成了“师徒传承”的模式。经过半个多世纪的积累，故宫博物院的文物修复人才及其技术在全国文物保护领域享有极高的声誉。

对于这些身怀绝技的修复人才，故宫博物院为其设立经济补贴并配备助手，以便他们更好地整理和传承修复技艺。另外，故宫博物院委托文保科技部和信息资料中心合作拍摄《故宫绝活》，整理总结文物修复技艺的传承历史和实践经验，为故宫文物保护传统技艺保存文献和资料。经过几年的努力，故宫博物院文物修复技艺的整理与传承工作取得了显著的成果，“古字画装裱修复技艺”被列入第二批国家级非物质文化遗产名录，“青铜器修复及复制技艺”与“古书画临摹复制技艺”被列入第三批国家级非物质文化遗产名录。加上“官式古建筑营造技艺”，截至2012年，故宫博物院有四项传统技艺被列入国家级非物质文化遗产名录。

四、主张建立一座“数字故宫”

除了重视传统技艺外，郑欣淼先生对新兴技术的应用也十分支持。其中最为突出的当属“数字故宫”的建设。十年里，故宫博物院根据院外观众和院内职工的不同需要，着力在信息化办公条件、交互式文化环境、虚拟作品以及电视纪录片等方面进行尝试与研发，并取得了出人意料的成果。

经过多年的研发，2005年故宫博物院开通自动化办公系统，该系统融合了古建筑信息系统、文物管理系统、历史文档信息系统，以及观众文化信息展示系统等多个工作平台。这一系统的研发和开通，标志着故宫博物院在文物管理、藏品利用、资源开放等方面进入一个新的发展阶段。

2008年10月，故宫博物院与IBM合作开发的“穿越时空的紫禁城”上线，该项目通过运用全球领先的交互式观众体验系统和互动、实时的高科技手段，为实地和网络的全球观众提供超越时空的独特体验。这种“交互式文化环境”开创了故宫博物院在观众导览方面的历史性变革。

2003年，故宫博物院与日本凸版印刷公司合作，共同成立故宫文化资产数字化应用研究所。经过十年的开发与制作，虚拟现实作品《紫禁城：天子的宫殿》《三大殿》《养心殿》《倦勤斋》《灵沼轩》《角楼》等已制作完成，并日渐成为诠释故宫特色传统文化最直观最生动的经典作品。

2005年至2012年间，故宫博物院与中央电视台合作，陆续拍摄完成大型电视纪录片《故宫》和《故宫100》，通过“看得见”的建筑、藏品和宫廷遗存，将“看不见”的紫禁城的历史文化和美学价值加以演绎，为故宫博物院创建了一座超越时空的影像博物馆。再到后来的《我在故宫修文物》，纪录片的视觉语言对国家形象的传播起到更加积极的效果。《我在故宫修文物》中文物修复团队精心、专注的表现，既体现出对文化遗产保护职业的自信，更体现出对中华传统文化的自信。

图上左
《故宫》海报

图上右
《故宫 100》海报

图下
端门数字馆多宝阁

故宫博物院出品 App 获得各种奖项

五、开创一套“故宫学”理论

郑欣淼先生在故宫博物院院长任内的另一项开创性工作是倡导“故宫学”，并不遗余力地进行相关理论探索与实践推广。秉持“没有理论指导的实践是盲目的实践，不能应用的理论也不是真正的理论”这一精神，郑欣淼先生对于故宫学的探索与建构，不局限于纯粹的理论内容，而是建立在对故宫价值和故宫博物院内涵的深刻认识之上。因此，在郑欣淼先生看来，故宫学不仅是一门学科、一种学问，而且是认识故宫价值的一个理念，是指导故宫保护与博物院发展的一种方法。

首先，故宫学的首倡是与故宫博物院学术研究规划与实践相结合的。2003年10月18日，郑欣淼先生在南京博物院庆祝成立70周年所举办的博物馆论坛上作了题为《确立“故宫学”学科地位开启故宫研究新局面》的讲演，正式提出“故宫学”这一学术概念，并从“故宫学研究的对象”“故宫学研究已有良好基础”“确立故宫学学科地位的目的和意义”三个方面做了详细论述。

其次，故宫学研究范围的界定是与故宫古建筑修缮工程的组织与实施相联系的。2004年4月10日，郑欣淼先生在中国紫禁城学会举办的“紫禁城文化系列讲座”（第10期）上作了《紫禁城与故宫学》的讲演，首次对故宫学的研究范围进行了梳理和分析，将故宫古建筑（紫禁城）、院藏百万件文物、宫廷历史文化遗存、明清档案、清宫典籍以及故宫博物院院史等六个方面纳入故宫学，作为主要研究对象。

在此基础上，郑欣淼先生开始建构故宫学学科体系，并将故宫文化整体性这一核心认识与博物院各项事业的发展相结合。阐释了上述六个研究领域的层次及其之间的关联，并梳理和概括了故宫博物院80年的学术发展史、故宫学提出的机遇以及故宫博物院在故宫学研究中的责任和举措。他在2010年11月发表的《故宫学纲要》和2014年9月发表的《多维视域中的故宫学——范畴、理念与方法》，是对故宫学理论探索和学科建构的新发展。郑欣淼先生以其主持故宫博物院近十年的工作实践为基础，对故宫学的学术理念、故宫学的范畴体系以及故宫学的价值意义进行更为深刻的阐发。

在阐释故宫学的学术理念、建构故宫学学科体系以及总结故宫学理论方法的过程中，郑欣淼先生从多个层面积极推进故宫学学术平台的建设；设立研究机构，拓展故宫学学术研究平台；创设《故宫学刊》，建立故宫学学术传播平台；重视书籍出版，提升故宫学文化推广平台；联合高校办学，建立故宫学人才培养平台。

正是怀着一份敬畏之情，抱着一份真诚之意，守着一份责任之心，本着一份勤勉之力，郑欣淼先生以其严谨和执着典守故宫十载，完成了十年古建筑修缮和七年文物清理两项重大工程，奠定了新世纪故宫博物院发展的坚实基础。

深情系故宫

郑振铎

张伯驹

启　功

饶宗颐

宿　白

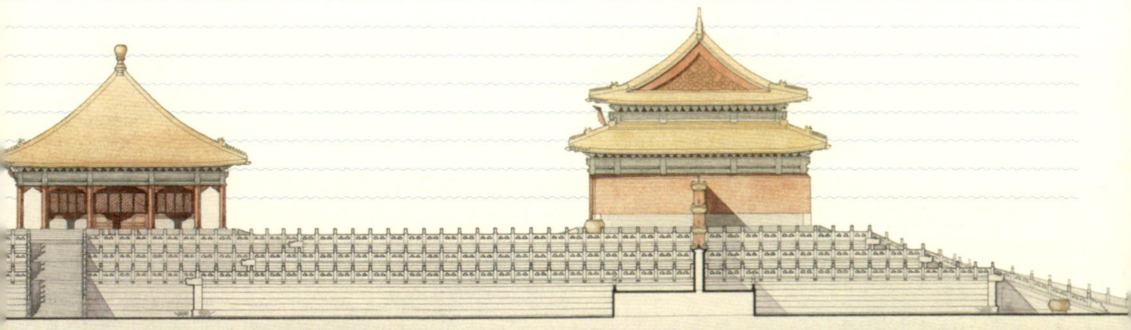

第十讲 共和国文物事业的奠基人

郑振铎

郑振铎（1898—1958），字西谛，福建长乐人，出生于浙江温州。我国著名的文学家、翻译家、出版家、藏书家和社会活动家，也是我国文物工作的创立者。战乱中，他竭尽全力抢救流散的古籍、陶俑等文物，为国家保存了大量珍贵艺术遗产。中华人民共和国成立后，郑振铎被任命为第一任文化部文物局局长。1952年，他将自己收藏的陶俑和陶器悉数捐献国家，后拨交故宫博物院收藏。1958年，因飞机失事牺牲，家人将他所藏近十万册珍贵古籍全部捐献给国家，收藏于中国国家图书馆。

郑振铎在黄化门家中

郑振铎先生是我国近现代学贯中西的文学家、翻译家、出版家、藏书家，同时也是优秀的史学家、文物鉴赏家和收藏家。他是我国近代历史上倡导“新文化”的先驱者，五四时期他积极参加新文化运动，与瞿秋白先生合编《新社会》旬刊。后曾任教于燕京大学、清华大学、复旦大学等高等学府，出版了《插图本中国文学史》等著作，并与鲁迅先生合作完成《北平笺谱》。

对于中华优秀文化遗产的保护与传承，郑振铎先生一生怀有强烈的责任感和使命感。抗日战争时期，他曾与有识之士在上海秘密组成“文献保存同志会”，为国家抢购了善本古籍3800余种，数量已接近北平图

图上　2013年郑振铎铜像揭幕仪式

图下左　2014年福建长乐郑振铎铜像揭幕仪式

图下右　2015年浙江温州郑振铎纪念馆开幕仪式

书馆馆藏善本的总数；又曾以一己之力编印《中国版画史图录》《中国历史参考图谱》，为后世留下珍贵的参考研究资料。

作为第一任国家文物局局长，郑振铎先生是一名高瞻远瞩的开拓者和奠基人。他从国家文化建设和祖国优秀传统文化继承的高度，以政治家的远见卓识与文学艺术家的精到见解，为我国的文物事业理顺发展思路，逐渐走向正轨，打下了坚实的基础。郑振铎先生全面推进文物调查和田野考古，强调博物馆建设与文物展览工作，先后创办了《考古学报》《文物参考资料》等刊物。他十分重视“文物保护单位”的创建和管理制度，称其为一项“带有根本性的工作”。郑振铎先生积极推动文物立法，制定《禁止珍贵文物图书出口暂行办法》《古文化遗址及古墓葬之调查发掘暂行办法》等法规，在其提议下开设的考古人员训练班，更是为新中国文物事业的发展培养了大批骨干力量。郑振铎先生倡议从事文物工作的人员，不能购买和收藏文物。该倡议在1997年被列为国家文物局颁发的《中国文物、博物馆工作者职业道德准则》之一。

为了保护国家大量珍贵艺术遗产不致毁于战火和流失异邦，郑振铎先生与同人们多方奔走，呕心沥血，不懈努力。20世纪50年代，他主持成立了文物征集小组和北海团城文物收购点，陆续将许多文物精品收归国有。举世闻名的“三希帖”中的王献之《中秋帖》和王珣《伯远帖》便是在郑振铎先生的积极推动下，由国家以35万港元重金从香港回购。他又说服张大千先生将其最心爱的藏品《韩熙载夜宴图》等一批国宝级文物低价转让给了祖国。而郑振铎先生自己更是率先垂范，抗战时期以一己微薄之力抢救大量流散古籍，同时亦竭尽全力抢购古代陶俑，避免其流失海外。他收藏的陶俑内容涉及宴乐、仪仗、出行、狩猎等社会生活的方方面面，涵盖汉魏至唐宋1400多年历史，是我国古代雕塑艺术的代表作。而先生为收集这些陶俑甚至到了入不敷出、负债累累的艰难境地。1952年，郑振铎先生将自己收藏的600余件陶俑和陶器悉数捐献国

郑振铎先生捐赠给故宫的陶俑

三彩骆驼

三彩马

三彩马

三彩马

三彩骑马俑

郑振铎先生捐赠给故宫的陶俑

陶俑

陶俑

天王俑

陶俑

陶俑

陶俑

陶屋

陶俑一组

家，后经国家文物局调拨，入藏故宫博物院，极大丰富了故宫博物院的馆藏，推动了故宫雕塑类艺术品的展出和研究。

对于故宫博物院的建设，郑振铎先生生前极为重视，于1953年起草《故宫博物院改进计划专题报告》，将故宫博物院定位为以艺术品陈列为中心的“文化、艺术、历史性的综合博物馆”，为重现故宫辉煌，丰富故宫博物院藏品，四处奔走。“故宫博物院是全国最大的、集中了中国历代人民最优秀的、最精美的美术品和艺术品的博物院。”他赞扬故宫博物院“是一个陈列中国历代人民最好的创造和发明的最大宝库。从这里，艺术家们可以吸取无穷尽的最好的民族遗产的源泉；从这里，工艺美术工作者们可以得到最好的最典型的创作的感兴”。他认为故宫博物院在藏品展览、研究上，应突破清宫旧藏的局限，面向全中国，并着眼于各个艺术门类。至今，故宫博物院仍将郑振铎先生所提出的“征集原清宫遗散在外的文物和各艺术门类中的精品”，作为充实藏品持久发展的重要方针。

2004年，郑振铎诞辰105周年的时候，故宫博物院举办了“郑振铎捐献陶俑特展”，把他捐献的文物展现给观众。2015年10月，故宫博物院又开放慈宁宫，在里面办了故宫博物院的雕塑展。展览中重要的陶俑精品，都是郑振铎先生毕生倾囊收购所得。2018年，故宫博物院举办“郑振铎先生诞辰120周年纪念展”，展出文物共计128件，均是从郑振铎先生捐献故宫博物院的文物中遴选而来，其中一级品9件，二级品87件。

郑振铎先生写于1934年的《北平》一文中，就有关于故宫博物院（文中提到的古物陈列所后来也并入故宫博物院）的描写：

图上
1956年10月20日郑振铎致徐森玉函

图下左
《北平荣宝斋诗笺谱》书影

图下右
《北平笺谱》书影

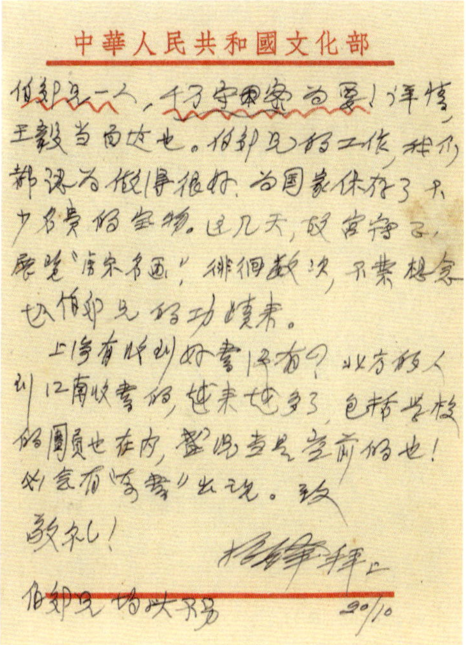
中華人民共和國文化部

伯郊兄一人，千万守国家为要！详情王毅当面达也。伯郊兄的工作，我们都认为做得很好，为国家保存了不少名贵的宝物。这几天，故宫举行了展览"唐宋名画"，徘徊数次，不禁想念起伯郊兄的功绩来。

上海有什么好书得有？北方的人到江南收书的，越来越多了，包括学校的图员也在内，盛况当是空前的也！必会有"奇书"出现。致

敬礼！

振铎拜上

伯郊兄 均此不另 20/10

2018年郑振铎先生诞辰120周年纪念活动留影

由北平图书馆再过金鳌玉蝀桥，向东走，则为故宫博物院。由神武门入院，处处觉得寥寂如古庙，一点生气都没有。想来，在还是“帝王家”的近代，虽聚居了几千宫女、太监们在内，而男旷女怨，也必是“戾气”冲天的。所藏古物，重要者都已南迁，游人们因之也寥落得多。

三大殿和古物陈列所总得耗费你一天的工夫。从西华门或从东华门入，均可。古物陈列所因为古物运走得太多，现在只开放武英殿，然仍有不少好东西。仅李公麟《击壤图》便足够消磨你半天。那人物，几乎没有一个没精神的，姿态各不相同，却不曾有一懈笔。

三大殿虽空无所有，却弘伟异常。在殿廊上，下望白石的“丹墀”，不能不令你想到那过去的充满了神秘气象的“朝廷”和叔孙通定下的“朝仪”的如何能够维持着常在的神秘的尊严性。你如果富于幻想，闭了眼，也许还可以见那静穆而紧张的随班朝见的文武百官们的精灵的往来。这里有很舒适的茶座。坐在这里，望着一列一列的雕镂着云头的白石栏杆和雕刻得极细致的陛道，是那末样的富丽而明朗的美……

如今的故宫博物院修葺一新，藏品不断得到充实，如此充满活力，再无“寥寂”，想必先生在天之灵一定深感宽慰。

郑振铎先生是我国文物事业的奠基者、国宝的守护者。岁月悠悠，功德永垂。我们要以先生为榜样，学习他视国宝为生命、热爱中华优秀文化遗产和无私奉献的精神，以保护文物、传承文化为己任，努力做到无愧于前人，不负于后世。

第十一讲 国宝守护人

张伯驹

张伯驹（*1898—1982*），原名张家骐，号丛碧，别号游春主人、好好先生，河南项城人。爱国民主人士，收藏鉴赏家、书画家、诗词学家、京剧艺术研究家。曾任故宫博物院专门委员、国家文物局鉴定委员会委员，吉林省博物馆副研究员、副馆长，中央文史馆馆员，北京中国画研究会名誉会长，中国书法家协会名誉理事等职。中华人民共和国成立初期，将多件珍贵文物捐献给国家。

图左 张伯驹青年时期照片

图右 张伯驹曾经居住过的承泽园

张伯驹先生是著名爱国民主人士，又是著名书画鉴藏家，在诗词、戏曲、书画等领域均卓有建树。出于强烈的爱国之心，他与潘素女士一道，倾毕生心血与财力，珍护了大量堪称“国宝”的书画。在当时内忧外患的局势下，张伯驹先生收藏不仅为个人雅趣，更出于强烈的民族大义，为保护祖国文化瑰宝不外流，舍性命及家财于不顾。在为《丛碧书画录》所做的序中，张伯驹先生有言：“予所收蓄不必终予身，为予有，但使永存吾土，世传有绪。”他倾尽一生心血去兑现这个诺言，以其深厚才学和无私奉献精神，为传承中华优秀文化遗产做出了非凡贡献。启功先生誉其为“前无古人，后无来者，天下民间收藏第一人”。

故宫博物院是在明清两代皇宫紫禁城及其收藏的基础上建立起来的博物馆。张伯驹先生与故宫博物院渊源深厚，之于故宫博物院文物收藏可以说是居功至伟。张伯驹先生与张葱玉、邓以蛰、张大千、徐悲鸿、沈尹默、吴湖帆、启功等诸先生一起被聘为故宫博物院专门委员，工作任务为“书画审定”，为故宫博物院收购清宫流散书画出谋划策，做了大量工作。时值溥仪盗运出宫的书画在市场上陆续发现，张伯驹先生即建言故宫博物院两项办法，尽早开展征集工作：“一、所有《赏溥杰单》内者，不论真赝，统由故宫博物院价购收回；二、选精品，经过审查价购收回。”经其考订，1198件中除赝迹及不甚重要者外，有关历史艺术价值之品约有四五百件，按当时价格无须过巨经费便可大部收回。

1946年底，北京古玩商马霁川从东北带回20余件文物推荐给故宫博物院。张伯驹先生不仅给出了具体的审定意见，而且将他所了解的信息，及时反馈给故宫博物院。1947年4月19日，张伯驹先生又作为专门委员，与徐悲鸿、启功、邓以蛰等，出席了故宫博物院在绛雪轩举行的第六届理事会在平理事第四次谈话会，讨论书画的收购事宜。

张伯驹先生颇为重视文物精品，曾向马衡院长建言：“余主张宁收一件精品，不收若干普通之品。”所以，当发现精品文物在市场上出现时，他多会优先推荐故宫博物院收购。如范仲淹《道服赞》由北京古玩商靳伯声从东北购得，他居中协调，商定以黄金110两卖给故宫博物院。又如，当得知马霁川有展子虔《游春图》时，他找到于思泊先生同来故宫，建议故宫博物院将此卷买下，并愿代为周转资金。在故宫博物院无力收购以上两件文物的情况下，为防止流落海外，张伯驹先生不惜鬻物举债将它们买下。一件《游春图》使他从豪门巨富变为债台高筑，不得不变卖在弓弦胡同的一处宅院和夫人潘素的金银首饰，搬去承泽园居住。在张伯驹先生收藏的精品文物中，还包括常被誉为“法帖之祖”的西晋陆机《平复帖》，是汉字由隶书向楷书过渡的重要佐证，也是历史上第一件流传有绪的法帖墨迹；唐代诗人李白《上阳台帖》、杜牧《张好好诗》，均为存世孤品，还有宋代书画佳作黄庭坚《诸上座帖》、赵佶《雪江归棹图》等，都是在我国艺术史上占有独特地位的重要文物。

1949年之后，张伯驹先生继续关注故宫博物院事业的发展，更将毕生所藏文物精华捐献国家，化私为公，使优秀的精神财富为全民所享。1956年，张伯驹、潘素夫妇将包括晋陆机《平复帖》、唐杜牧《张好好诗》、宋范仲淹《道服赞》、宋黄庭坚《诸上座帖》等在内的8件古代法书精品捐赠国家，国家文物局后调拨至故宫博物院；隋展子虔《游春图》、宋赵佶《雪江归棹图》、明唐寅《王蜀宫妓图》等是张伯驹先生让与国家，国家文物局收购后陆续调拨故宫博物院的；唐李白《上阳台帖》则系张伯驹先生赠予毛泽东主席，1958年中央人民政府主席办公室将其调拨故宫博物院。另外，故宫博物院还曾于1959年购买了张伯驹先生曾收藏的宋赵孟坚《行书自书诗》。需要特别强调的是，隋展子虔《游春图》、唐杜牧《张好好诗》、宋范仲淹《道服赞》等都是故宫博物院当时有意收购，但因各种原因而未能入藏的。它们最终能由故宫博物院收藏，为中华民族所共享，张伯驹先生居功至伟。

1956年12月，张伯驹先生作为北京市人民委员会代表视察故宫博物

隋 展子虔
《游春图》

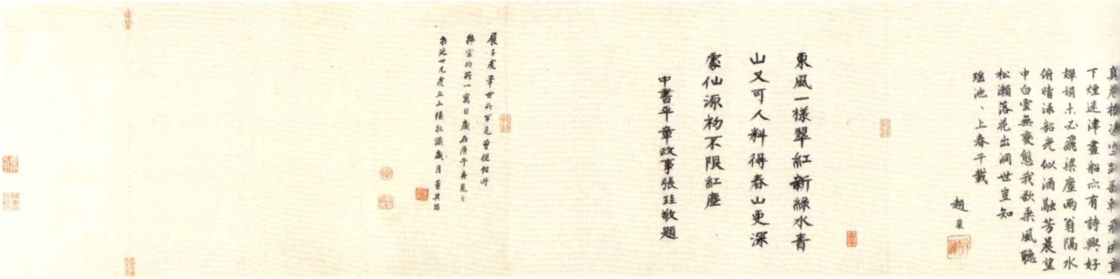

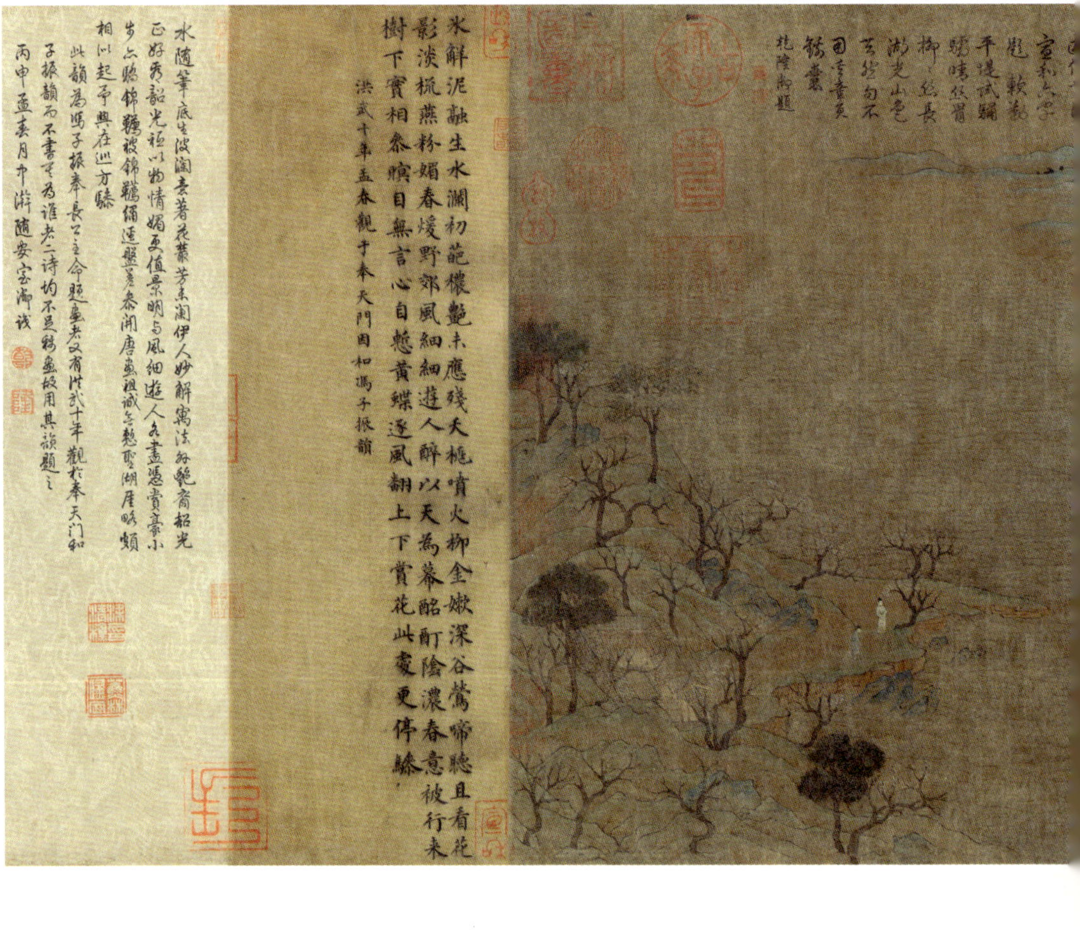

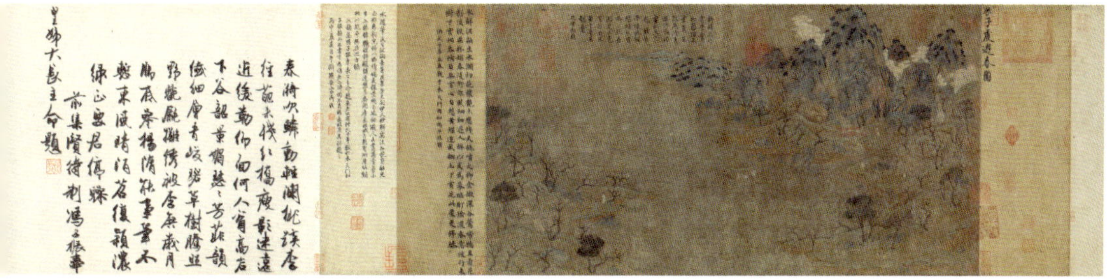

展子虔遊春圖

唐 李白
《上阳台帖》

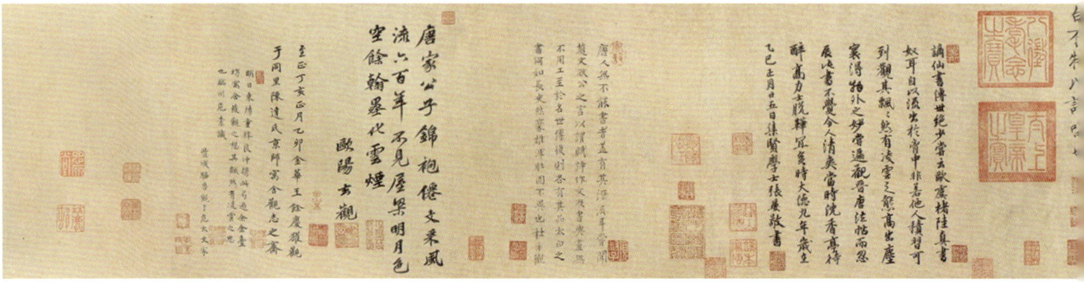

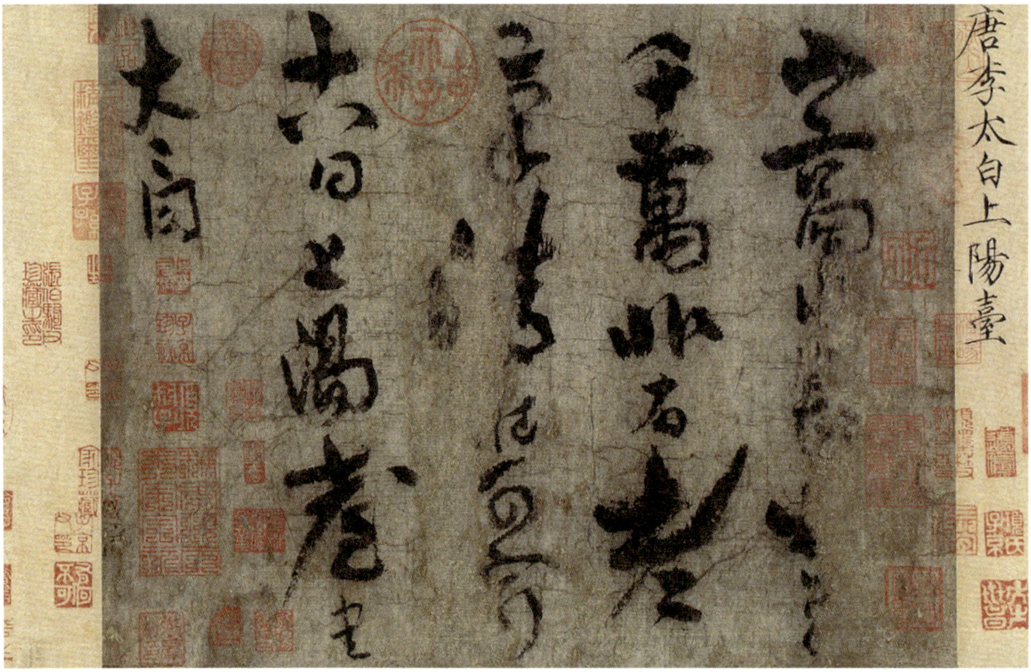

唐李太白上陽臺
青蓮逸翰

青蓮逸翰

元 钱选
《山居图》卷

明 文徵明
《三友图》

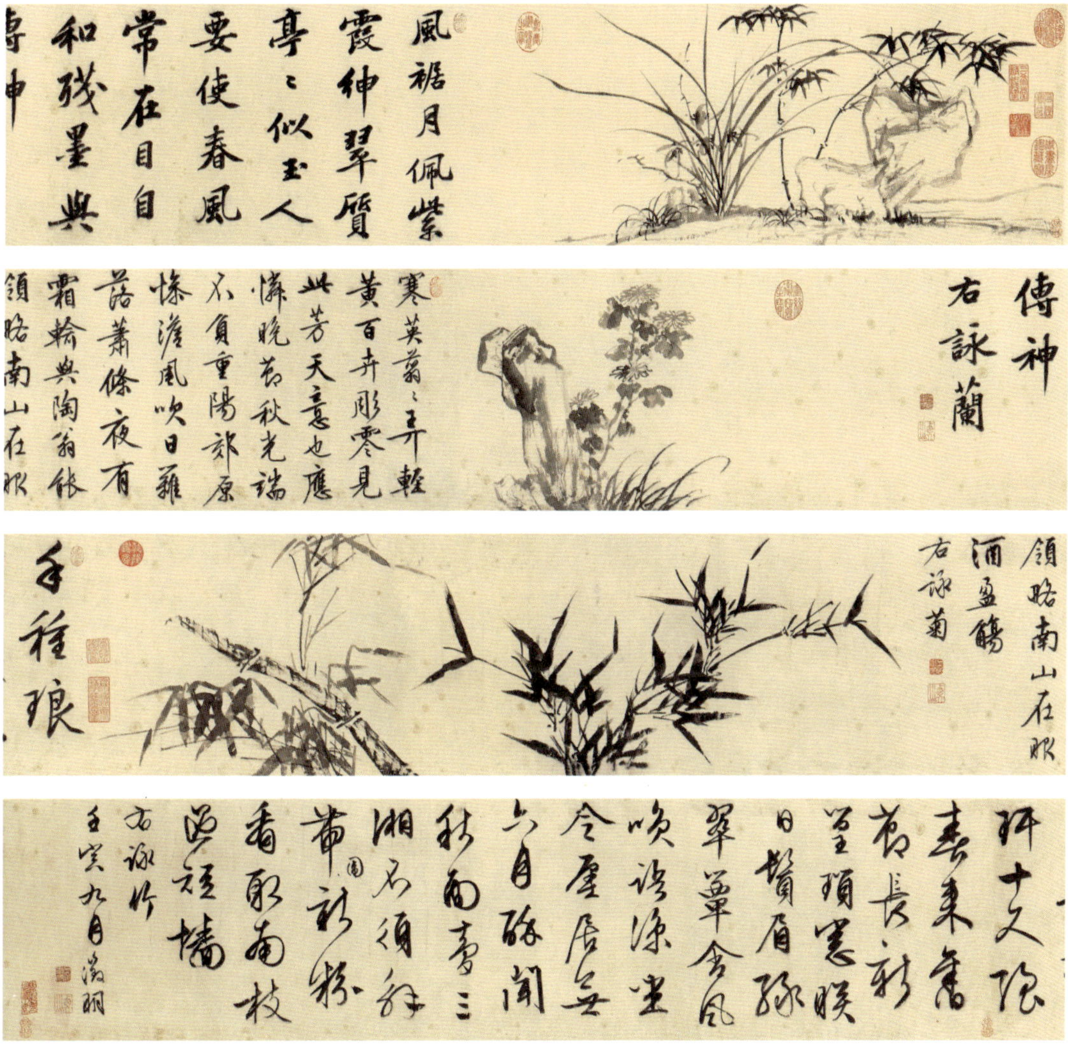

图上
张伯驹夫妇

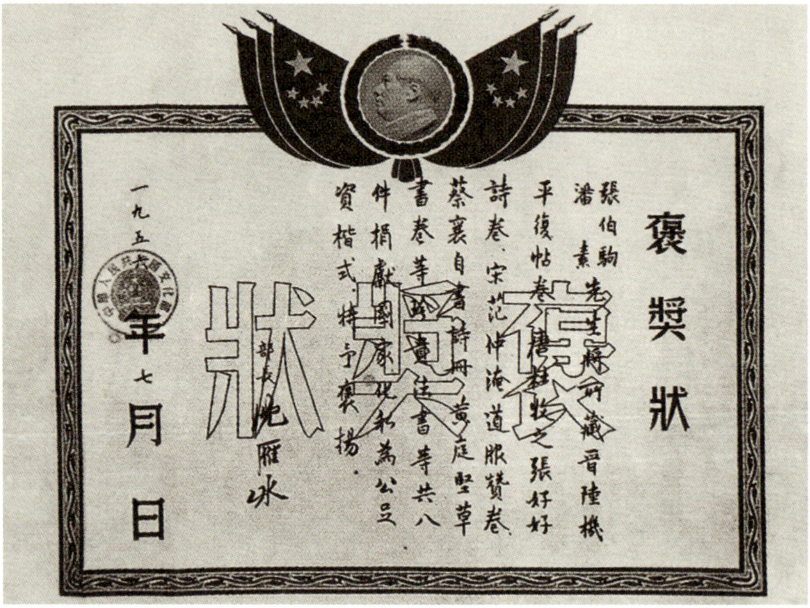

褒獎狀

張伯駒
潘素 先生將所藏晉陸機
平復帖卷、唐杜牧之張好好
詩卷、宋范仲淹道服贊卷、
蔡襄自書詩冊、黄庭堅草
書卷等珍貴法書等共八
件捐獻國家，化私為公，足
資楷式，特予褒揚。

部長 沈雁冰

一九五 年七月 日

图下
文化部颁发给张伯驹夫妇的褒奖状

院，并提出了7项殷切的建议，涉及故宫博物院的性质定位、藏品保管、陈列展览、文献出版等多个方面。他认为，“故宫是具有国际意义，全国最大的博物馆”，其范围和性质应当是古与中。同时，他强调故宫博物院必须保持它的完整体系，不得内设其他无关机构。这些建议均从维护故宫博物院发展大局着眼，从中能够真切地感受到张伯驹先生对故宫博物院的持续关注和殷切希望。

故宫博物院是中华文化传承的重要载体，建院近百年来，藏品能够不断充实，离不开社会各界人士的鼎力相助。目前，故宫博物院收藏保管着186万件（套）珍贵文物，其中有3.34余万件来自860多人次的个人捐赠。故宫博物院设立“景仁榜”，意在彰其大德，慰其公心。在“景仁榜”上，张伯驹先生的名字尤为醒目。故宫博物院共计收藏有张伯驹先生《丛碧书画录》著录的古代书画22件，件件堪称中国艺术史上的璀璨明珠。

故宫景仁榜捐献者名录

张伯驹捐献古书画文物精选一览（来源：《紫禁城》2018年3期郝炎峰文）

收藏地	类别	编号	年代	作者	作品名称
故宫博物院	书法	一	西晋	陆机	平复帖
		二	唐	李白	上阳台帖
		三	唐	杜牧	张好好诗
		四	北宋	范仲淹	道服赞
		五	北宋	蔡襄	自书诗
		六	北宋	黄庭坚	诸上座帖
		七	南宋	吴琚	杂诗帖
		八	南宋	朱胜非	杜门帖
		九	元	赵孟頫	草书千字文
	绘画	一〇	隋	展子虔	游春图
		一一	北宋	赵佶	雪江归棹图
		一二	南宋	马和之	节南山之什图
		一三	元	钱选	山居图
		一四	元	赵雍、王冕、朱德润、张观、方从义	元五家合绘图
		一五	明	唐寅	王蜀宫妓图
		一六	明	文徵明	三友图
		一七	明	周之冕	百花图
		一八	清	吴历	兴福庵感旧图
		一九	清	樊圻	柳村渔乐图
		二〇	清	禹之鼎	纳兰性德小像
吉林省博物院	书法、拓片	二一	宋	—	宋拓九成宫醴泉铭
		二二	宋	—	宋拓黄庭经
		二三	元	仇远	自书诗
		二四	元	赵孟頫	篆书千字文
		二五	明	来复	草书
		二六	明	—	重刻本唐叶有道碑拓片
	绘画	二七	南宋	杨婕妤	百花图
		二八	南宋	赵伯骕	仙峤白云图
		二九	宋	—	楼阁图
		三〇	元	颜辉	煮茶图
		三一	明	薛素素	墨兰图
		三二	明	曾鲸	侯朝宗像
		三三	清	蒋廷锡	瑞蔬图
		三四	清	顾眉	兰石图

故宫博物院始终感念张伯驹先生所做的贡献。1998年，为纪念张伯驹先生诞辰100周年，故宫博物院与吉林省博物馆联合举办纪念活动，同时出版了《张伯驹潘素捐献收藏书画集》；2008年，张伯驹先生诞辰110周年之际，故宫博物院与文物出版社共同举办座谈会，并编辑出版了《捐献大家——张伯驹》大型纪念图录；2013年，故宫博物院召开纪念张伯驹先生诞辰115周年座谈会，同时举办了张伯驹潘素书画展览。

图左 2013年『纪念张伯驹先生诞辰一百一十五周年——张伯驹潘素书画展』

图右 张伯驹《楚泽流芳》

2018年，故宫博物院与中国国家博物馆、吉林省博物院、张伯驹潘素文化发展基金会联合举办“张伯驹先生诞辰120周年纪念展”，向公众呈现张伯驹先生鉴藏书画的精品，缅怀先生的高尚品格，永远铭记他的丰功伟绩。

“化私为公，足资楷式”，张伯驹先生所代表的是以弘扬中华文化为己任的使命感，更是无私奉献的爱国情操。文化是一个国家、一个民族的灵魂。没有高度的文化自信，没有文化的繁荣兴盛，就没有中华民族伟大复兴。在今天重新树立文化自信的时代征途上，张伯驹先生的崇高品格无疑是应该大力弘扬的精神财富。仰望张伯驹先生高踪，激励我们的爱国主义热情，为实现中华民族伟大复兴而努力奋斗。

第十二讲 文化巨匠

启功

启功（1912—2005），满族，字元白，也作元伯，号苑北居士，当代著名书画家、教育家、学者。曾任国家文物鉴定委员会主任委员，中央文史馆馆长，故宫博物院、国家博物馆顾问，西泠印社社长。著有《启功书画集》《启功丛稿》《诗文声律论稿》《汉语现象论丛》《论书绝句》等。

“紫禁城头日色黄，奇珍异宝聚梯航。人禽抵角升平署，竹帛翩翩档案房。博物院开新局面，金銮殿换旧辉光。合成六十周年庆，解放新天后半强。”这首诗，是启功先生在故宫院庆60周年时写下的篇章，它记述了启功先生对故宫博物院的认同与期望，是启功先生对故宫博物院的美好祝福。

启功先生与故宫有着不解的因缘。先生是满族正蓝旗人，雍正皇帝的第九代孙，这正好为启功与故宫的旷世情缘下了极好的注脚。

启功先生平生用功最勤、成就最显著的就是文物鉴定。先生早年曾跟随贾羲民先生学习书画，终日流连于故宫绘画展厅，对古代书画、碑帖见识卓异。由于先生在书画鉴定方面的造诣精深，1938年26岁的启功先生就受聘为故宫博物院专门委员，负责鉴定书画、审阅文献档案、整理清代史料。抗战胜利后，启功先生受命任故宫博物院文献馆专门委员，从事故宫博物院文献馆审稿及文物鉴定工作。

中华人民共和国成立后，启功先生继续从事书画鉴定工作。1983年国家文物局聘请国内顶级专家组成7人小组，对国内各大博物馆收藏的珍品进行鉴定，启功先生即7位专家之一。1986年国家文物局文物鉴定委员会成立，启功先生任主任委员，先生一生过目书画数以十万计，为新中国文物鉴定工作做出了巨大的贡献。

20世纪90年代初，启功先生受聘故宫博物院顾问、客座研究员等职，为故宫学术建设、人才培养做了很多工作。他特别关心年轻一代的成长，对于年轻人提出的各种问题，他总是不吝赐教，认真教诲。在故宫，他门下的弟子，很多成为中国书画鉴定界的专家，成为蜚声海内外

启功先生诞辰百年纪念大会

的知名学者。90年代末，年过八旬的启功先生还与其他专家一同鉴定了著名的《出师颂》，宋朱熹《春雨帖》、张先《十咏图》，元迺贤《南城咏古诗》卷，为这些国宝级的文物进入故宫博物院一锤定音，为故宫博物院的文物征集、史料整理做了重要贡献。

2002年，从日本回流的米芾书法《研山铭》在中国拍卖，启功先生对我说，你们一定要把它买回来！但是他又加了一句，不要花国家太多钱。我说，多少钱合适？启功先生和专家们商量后说，3000万之内。当时卖家要价就是3500万。经过几轮谈判，终于以2999万成交。启功先生后来在日记上写道：“《研山铭》回归祖国，大快人心！就是买得太贵了。”可爱的老专家，现在这样的珍贵文物价值估计已经几亿了吧。

而隋人书《出师颂》，曾传为西晋书法家索靖书，宋代著名书画家、鉴定家米友仁题为隋贤书。历代流传有绪，最后入藏清代内府。乾隆年间刻入《三希堂法帖》，著录于《石渠宝笈续编》。1922年，清朝逊帝溥仪以之赏赐溥杰，由此流出宫外，《出师颂》本卷与元代知名学者张达善的题跋割裂，散落民间。启功先生的《论书绝句百首》对《出师颂》做过详尽的考证、评价，认定为“隋人书”。2003年，《出师颂》再度出现于中国嘉德春拍中，由故宫博物院购得收藏。

而被割裂的元张达善跋发现于1997年，书写内容为对《出师颂》文字、历史背景及作者的考证等。2013年，中国嘉德国际拍卖有限公司与红树白云楼主人陆牧滔先生共同向故宫博物院捐赠了张达善的《出师颂》题跋，使这件流传至今近千年的文物在经历了多年分离的沧桑后，最终重聚故宫。这不仅使故宫博物院补充了一件元代大儒的书法孤品，更为重要的是，实现了《出师颂》卷的合璧，成就了一段佳话，对于今后《出师颂》的传承和中国早期书法史研究也很有意义。

启功先生博学多才、德望兼备、治学严谨、诲人不倦，堪称学人之模范、师者之表率，是百年来罕有其匹的“文化巨匠”。首先表现在他崇高的人格。启功先生作为前辅仁大学、今北京师范大学教授，执教70多年，培养人才无数，他为北京师范大学题写的校训“学为人师，行为世范”，实际上正是他人格的体现。

另外，我们可以说他是“诗人启功”，不是因为他有几本诗词集出版，而是因为他在对于古代诗歌的研究和理解，有了自己的定见之后，将诗歌创作融入自己的精神生活，在诗歌创作上超越古人，有所创新。他的诗词写得文雅、诙谐、有趣，形式和内容高度统一，将情、景、

宋 米芾
《研山铭》

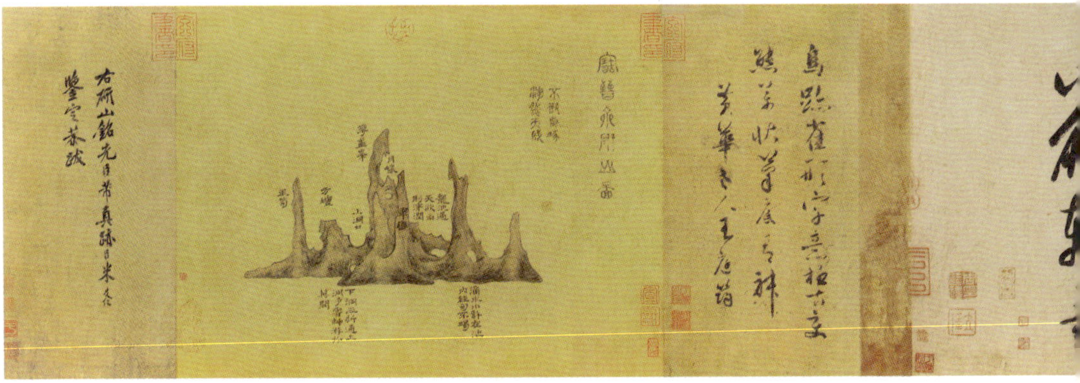

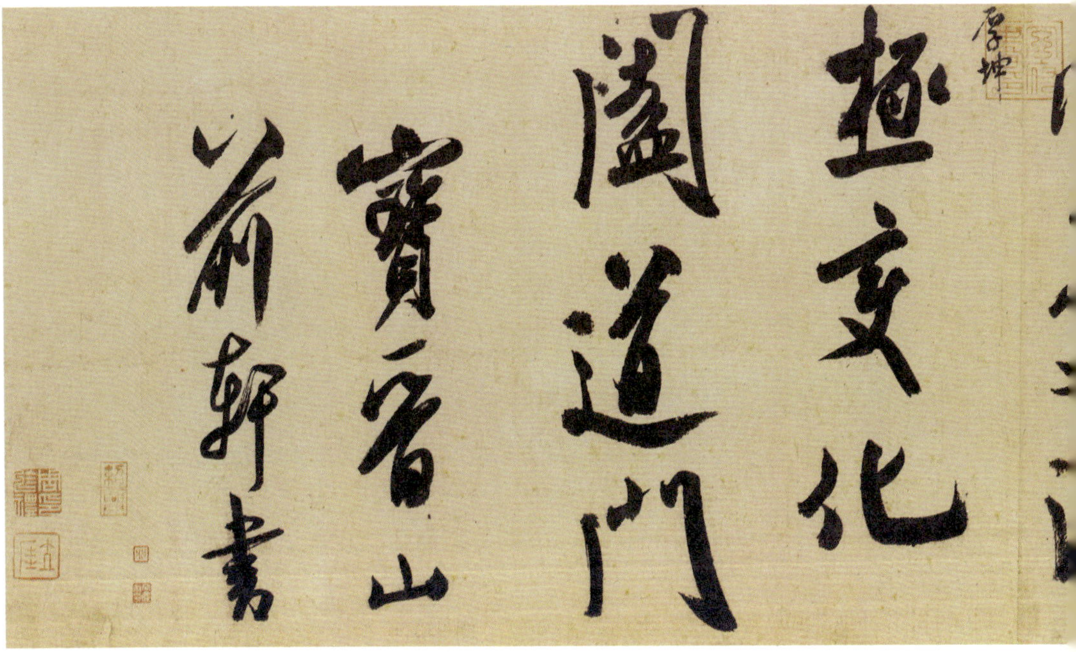

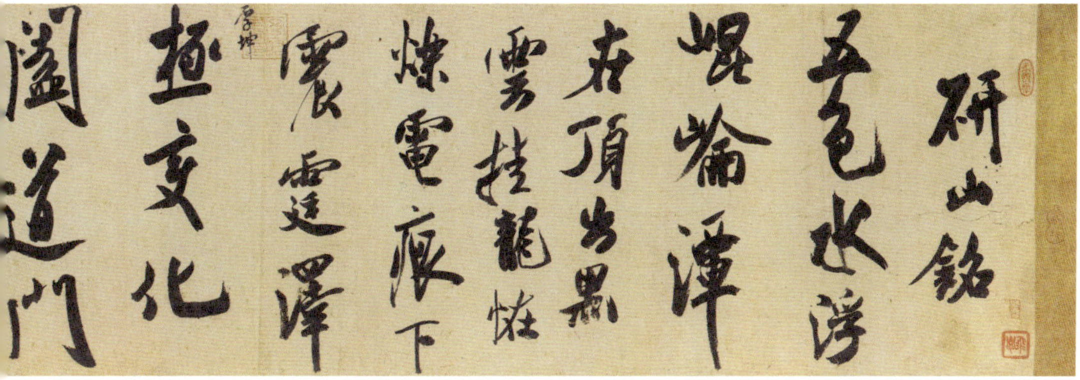
研山銘
五色水浮
崑崙潭
在頂出黑
雲挂龍怪
爍電痕下
震霆澤
極變化
闔道門

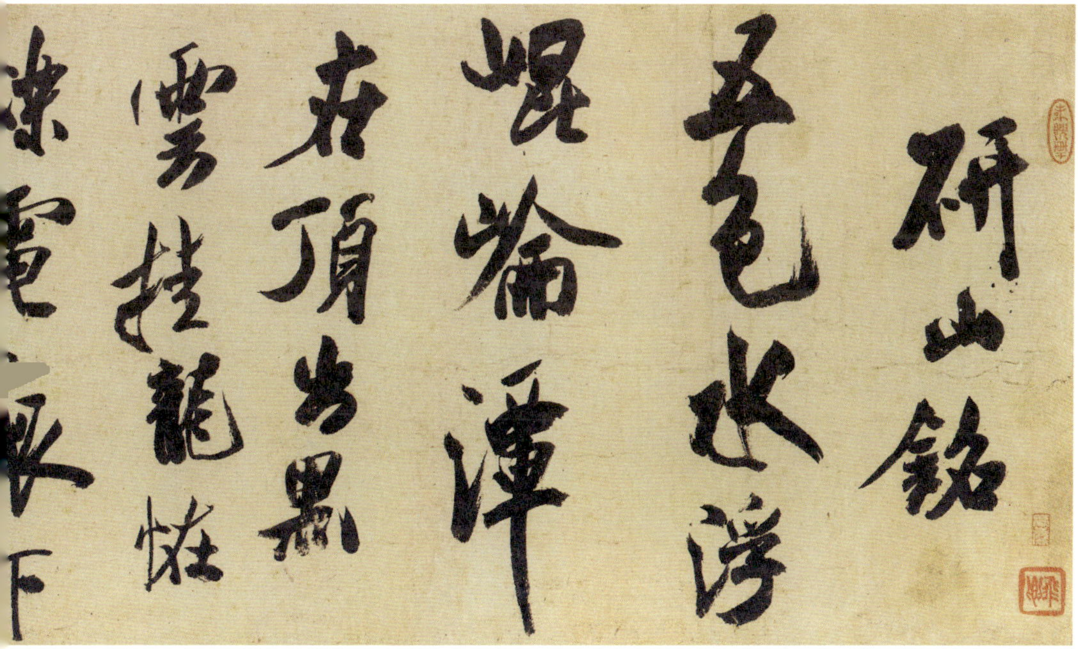
研山銘
五色水浮
崑崙潭
在頂出黑
雲挂龍怪
爍電痕下

作者与启功先生留影

隋 《出师颂》

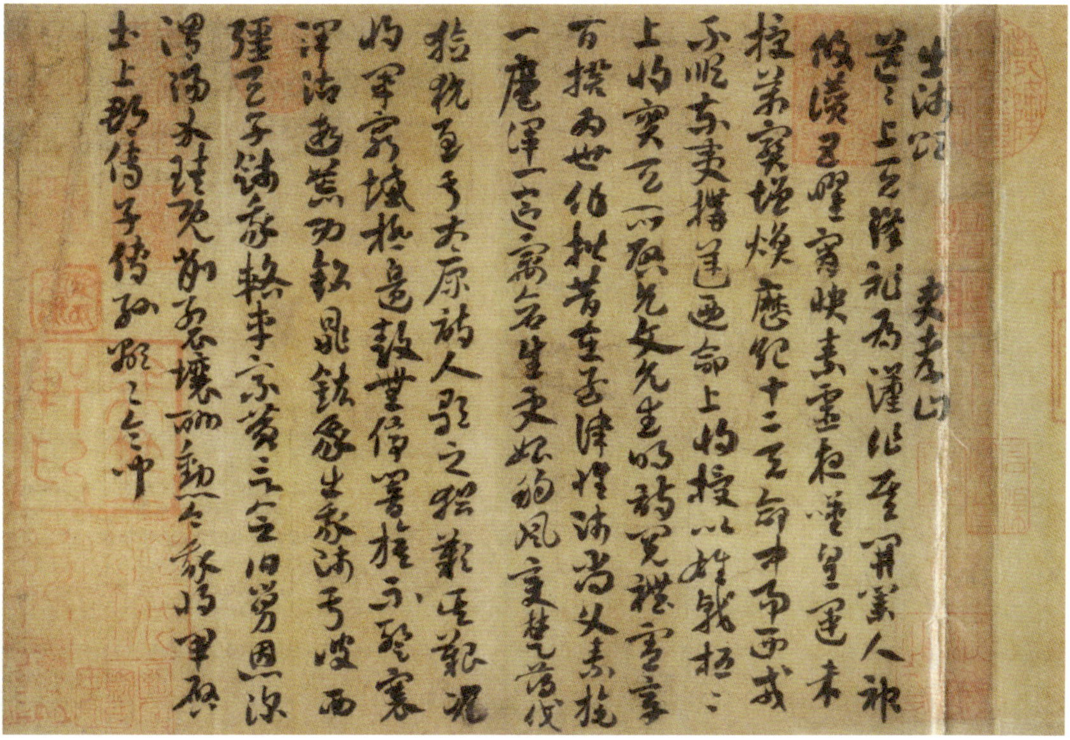

启功先生与黄苗子、朱家溍两位先生研究碑帖

理、趣融为一体，或赠答友人，或临事发挥，出口成章，令人难忘。

我们也可以说他是“画家启功”，他在年轻时就已经很有“画名”。关于“书法家启功”，他的书法不仅在中国受欢迎，在东亚文化圈直至世界范围都广受欢迎。他的书法艺术影响了当代很多人，还必将像王羲之、颜真卿、赵孟頫等一样，影响到后世。

启功先生是百年来卓有成就的一位文化巨匠，集书法家、诗人、画家、文物鉴定专家、文史专家、教育家等身份于一身，在诸多领域做出了卓越贡献。他在学术和艺术方面取得的独特成就和在教书育人方面的思想理念将永世流传。2015 年，由中国艺术研究院、中央电视台、中央新影集团等单位联合摄制的《百年巨匠 · 启功先生》在故宫建福宫举行开机仪式。他对中国文博事业的贡献被载入史册，他为故宫博物院的发

《百年巨匠·启功先生》开机仪式

展所做的工作将被紫禁城永远铭记。

先生在他的诗作《翠竹牡丹成一家》中有："翠竹牡丹成一家，刚柔并济好生涯。劲节虚心誉君子，天香国色领百花。日月常新情依旧，容颜不老驻春华。我愿人间尽如是，幸福美满千万家。"这诗恰似启功先生的人格魅力之所在。

第十三讲 中华文化的弘扬者

饶宗颐

饶宗颐（*1917—2018*），生于广东潮安。字固庵、伯濂、伯子，号选堂，是享誉海内外的学界泰斗和书画大师。在传统经史研究、考古、宗教、哲学、艺术、文献以及近东文科等多个学科领域均有重要贡献，在当代国际汉学界享有崇高声望。

香港回归祖国以后，内地与香港之间文化交流日益频繁与密切，使我们有机会近距离了解香港，接触香港各界人士。虽然在此之前，我曾经有过两次机会访问香港，但是第一次真正的香港文化之旅，是在2011年12月，应香港发展局林郑月娥局长邀请，赴港参加“保育与发展——中国视野”文物保育国际研讨会，同时代表国家文物局与香港民政事务局签署《关于深化文化遗产领域交流与合作协议书》。在此期间，得以拜访仰慕已久的饶宗颐教授，获得当面请教的机会。

在走进香港大学饶宗颐学术馆之前，我曾想象着见到这位学界泰斗的情景，年龄、学识、阅历……这些会否成为影响交流的因素。但是，就在与饶宗颐教授握手的那一刻，一切顾虑都随之消失，那超乎常人想象的力度，瞬间消弭了相互之间的距离。在聆听他的学术见解时，我感受到的是儒雅、谦和、敦厚的君子之风，甚至有一见如故的感觉，谈话交流过程令人愉悦。其间还参观了饶宗颐学术馆的藏书室，得知他在2003年秋天，已把自己全部藏书4万余册，包括珍贵的古籍善本及书画作品，捐赠给香港大学，化私为公，扶掖后辈。座谈时饶宗颐教授送给我一套《饶宗颐二十世纪学术文集》，我也将几本专著呈上请教。临别时，他高兴地送给我一幅事先为我写好的书法作品，令我十分感动。

实际上，十多年来我一直没有勇气把这件书法作品挂起来，因为上面写的四个字“识古通今”，对于我来说，是遥不可及的境界。但是，这四个大字也一直激励我要更加勤奋地治学和做事。饶宗颐教授毕生学术耕耘不辍，艺术创作不止，文化传承不断，他从浩瀚典籍中提取中华文化的精华，为社会提供文化养分，让大众更有文化自尊和自信，无愧为中华优秀传统文化的弘扬者、文化自信的表率，其学术造诣、艺术成就受到广泛称赞。那次拜访饶宗颐教授后，我的心情久久不能平静，特别是感悟到更多做人做事的道理。饶宗颐教授的题词也一直成为我不懈追求的目标，他奖掖后学的高风厚德，更成为鞭策我笃学不倦的不竭动力。

就在那次见面的两个月后，我离开国家文物局，来到故宫博物院工作。2012年初，我整理出7000多册藏书，开始在京郊房山筹办乡村图书馆——贾岛图书馆，希望乡村的孩子们能够享受到阅读的乐趣，潜心读书，多下苦功，日后成长为祖国建设的栋梁之材。这座乡村图书馆的建设，得到全国劳动模范田雄先生的帮助，也得到故宫博物院张忠培、郑欣淼两位老院长和不少专家学者的支持。郑欣淼先生专门从贾岛的诗"朝来重汲引，依旧得清冷。书赠同怀人，词中多苦辛"中，择取"汲引"二字为图书馆的藏书室命名。此时想起饶宗颐教授慷慨捐赠全部图书支持社会教育的义举，我冒昧地请他为藏书室题字，很快饶宗颐教授就写下了丰神独具的"汲引室"三个大字。2012年4月，贾岛图书馆正式开馆，藏书室大门上方饶宗颐教授的题字格外醒目，激励我们要将这座乡村图书馆越办越好。2012年6月，我再次访问香港大学饶宗颐学术馆时，饶宗颐教授高兴地向贾岛图书馆捐赠了他的著作，并在捐赠图书上郑重题字"汲引室惠存"。

那次访问香港还有一个重要活动，就是参加"饶宗颐文化馆"落成典礼。饶宗颐文化馆坐落于九龙青山道，其前身是荔枝角医院，已经有近百年历史。作为香港发展局"活化历史建筑伙伴计划"的首批项目，在2009年至2013年间进行了精心的维修保护和合理的活化设计，不仅使

2012年作者拜访饶宗颐先生

这组历史建筑群所包含的特色元素得到保存，而且使原有建筑风貌得以恢复，展现出历史建筑的文化意义。将这组历史建筑改建为“饶宗颐文化馆”，表达了香港特区政府对一代国学大师的尊崇。那天饶宗颐教授格外高兴，在来宾的祝贺声中走上讲台，手握一把大毛笔，寓意薪火相传。如今这个融合自然环境和历史传承的文化空间，肩负起促进文化交流、服务大众的使命。几年以后，我再次访问这里时看到展厅、教室、多功能厅、综艺小剧场、资源中心、静心堂等设施一应齐备，成为展示饶宗颐教授学术成就和艺术成果的殿堂，也成为人们互相交流和学习文化知识的园地。

为了表示感谢，2013 年 7 月我再次赴香港访问时，向饶宗颐教授呈上了图书捐赠证书，感谢他对在农村地区创办民办图书馆给予的热

饶宗颐《荷花六连屏》

情鼓励。饶宗颐教授特意邀请我们和他家人共进午餐，席间详细询问故宫博物院事业发展近况和学术研究成果。饶宗颐教授与故宫博物院有着深厚情谊。2008 年 10 月 29 日，“陶铸古今——饶宗颐学术艺术展”在故宫博物院举办，这是故宫博物院第一次为香港学者举办个人展览，盛况空前。故宫博物院的文物藏品以体现中华五千年文明的古代文物为主。为了延续文物藏品序列，“为未来保存今天”，2006 年故宫博物院召开藏品征集工作会议，达成了“对具有极高艺术价值的现当代艺术品、工艺美术品也应该注意征集，不断补充、完善故宫博物院的藏品体系，但必须从严掌握”的共识，并将这些内容明确写入

《故宫博物院藏品管理规定》。饶宗颐教授捐献的《瘦马图》《印度恒河忆写》《荷花六连屏》《东坡佛印谈禅图》等10件作品丰富了故宫博物院的藏品内容。

2015年12月3日，是一个可喜可贺的日子。在庆祝饶宗颐教授百岁寿辰之际，“香江艺韵——饶宗颐教授百岁学艺展”在香港隆重开幕。饶宗颐教授学贯中西，精深处做学问，笔墨中见精神，这次展览是对其学术、艺术的综合展示。我在发言时感慨，同为炎黄子孙，同为当世中国人，我们有太多的理由为拥有饶宗颐教授这样的旷世奇才而自豪和骄傲。置身于饶宗颐教授的学术和艺术著作之中，就像面对一座巍峨的高山，能明显地感受到什么叫作中国文化，什么叫作民族精神，而这一切的一切，就凝聚在会场上这位和蔼可亲的百岁寿星身上。在会场上，饶宗颐教授离开轮椅，微笑站立，目含慈意，长眉奕奕，温雅谦和地进行剪彩。

饶宗颐教授是世界学术界和艺术界的瑰宝，对弘扬中华传统文化贡献巨大。他从事学术研究和艺术创作70多年，涉猎的学术领域广博而又精深。鉴于饶宗颐教授对中华传统文化所做出的贡献、对故宫博物院学术研究的影响，故宫博物院决定授予饶宗颐教授“故宫研究院荣誉顾问”，这是故宫研究院授予此荣誉的唯一学者。在董建华先生、梁振英行政长官、林郑月娥政务司司长的见证下，我代表故宫博物院向饶宗颐教授颁发了荣誉证书，他当之无愧。

饶宗颐教授生活简朴，两袖清风。他热心公益事业，一生为社会贡献良多，深受各界人士敬重。他常以不同形式捐资、捐书、捐画、捐文物，数量已经难以统计。例如2002年他将在“香港文化会馆书画展”

『香江艺韵——饶宗颐教授百岁学艺展』开幕仪式

中展出的9幅作品义卖，所得收益160万元捐赠给潮安和饶平的两所小学；2008年四川汶川发生特大地震，已届九旬高龄的饶宗颐教授心系灾区同胞，书写“大爱无疆”，为灾区筹得善款500万港币；2010年他在内地出差期间，得知甘肃舟曲发生特大泥石流灾害，造成严重伤亡和财产损失，他立即将香港各界为其贺寿的160万元捐赠灾区，彰显一代学人心系天下的赤子之心；2013年他又向香港大学捐资成立饶宗颐学术馆基金，资助汉学研究；2018年年初，饶宗颐教授应邀为家乡的文物古迹题匾——“笔架山潮州窑遗址公园”，潮州宋窑文脉在他的笔下得以绵延传承，这也是他留给家乡的最后墨迹。

2015年与饶宗颐教授在其百岁学艺展上合影

饶宗颐教授福寿双全，才德尊荣。在他辞世当晚，还同潮汕友人喝茶聊天到10点多钟，然后才洗漱上床休息，临睡前还和女儿开了句玩笑，之后便一睡再也没有醒来，在睡梦中安详离世，无疾而终。他走得如此轻松，无病无痛，无牵无挂，得年101岁。

斯人已逝，追思难忘，高风长存。饶宗颐教授的离去使学术界一片悼念惋惜之情，因为他代表着一个时代学术的深厚与博大，他庄重高洁的品格值得永远铭记和怀念。人们敬重饶宗颐教授，不仅因为他在中国、亚洲乃至国际学术界享有崇高声望，也是为他勤奋学术研究、潜心艺术创作、享受品质生活的自足精神所深深感染，更是感动于他对数千年中华文化积

饶宗颐
《甲骨》四言大联

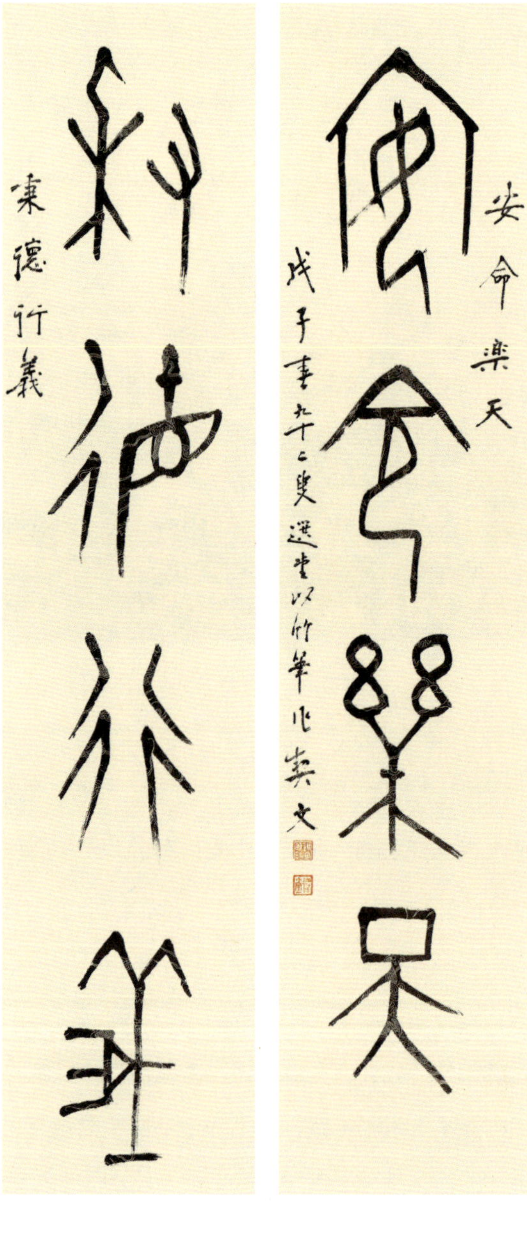

淀不断挖掘、整理、研究的爱国情怀。饶宗颐教授的治学精神及其对后世的影响，必定像南京紫金山天文台于2011年10月命名，如今行走在浩瀚宇宙中的“饶宗颐星”一样，永远闪烁在历史、现实、未来的天空。追忆饶宗颐教授，我们应该学习他的精神、品德和风范。

第十四讲 为学问而生的人

宿白

宿白（1922—2018），汉族，辽宁沈阳人，著名考古学家、北京大学资深教授，北京大学考古学科的主要创始人，中国考古学的奠基人之一，杰出的考古学教育家。在宗教考古、建筑考古、印刷考古和版本学等领域的造诣为学界所公认，著有《白沙宋墓》《藏传佛教寺院考古》《中国石窟寺研究》等著作，2016年获得首届中国考古学会终身成就奖。

1994年5月，我在甘肃张掖的马蹄寺考察期间，第一次见到宿白先生。当时国家文物局计划对甘肃地区的石窟寺进行较为全面的调查，宿白先生一行在考察了炳灵寺石窟、天梯山石窟之后，来到马蹄寺。经国家文物局晋宏逵先生介绍得以请教宿白先生。没有想到就在那次见面的两个月后，我就调任北京市文物局担任局长，从此获得更多与宿白先生见面的机会。特别是在国家文物局工作期间，能够经常求教于宿白先生，获益良多，其中印象深刻的有这样几件事。

一、为文物工作钉上“四个桩”

2002年，在全国文物系统和相关部门的共同努力下，《文物保护法》顺利完成了修订，并公布实施。同时召开了第三次全国文物工作会议。在这两件大事之后，国家文物局筹备召开全国文物局局长会议。我分别拜访了宿白、谢辰生、罗哲文、张忠培、徐苹芳和黄景略等几位先生，请教在全国文物局局长会议上应重点强调什么问题、部署哪些工作。在会议开幕的前夕，几位先生一起聚集在招待所的房间内，向我讲了他们研究的意见。意见十分明确，态度非常坚定，指出要将全国文物工作会议的精神落到实处，贯彻好《文物保护法》，必须要抓好四项基础工作：一是建立文物保护法规体系；二是摸清文物家底；三是文物保护人才培养和科学技术支撑；四是确保文物安全。于是，在全国文物局局长会议上，我代表国家文物局，重点强调了四项基础工作的重要性，明确了相应的工作要求。实践证明，宿白先生和几位专家的意见，抓住

2003年作者参加全国考古工作汇报会，前排左一为宿白先生

了当时文物事业发展的瓶颈，都是带有根本性的问题。自2002年全国文物工作会议以来，全国文物系统一直坚持“四项基础工作”不动摇，被形容为文物工作钉上了“四个桩”。

十几年来的工作实践证明，“四项基础工作”直到今天，直至永远，都是文物保护各项工作的重中之重，都是文物事业可持续发展的“命根子”，要继续努力把它们夯实。特别是快速发展的城市化进程，带来城市规模急剧地扩大，地上和地下文物保护的压力空前增加，城市建设与文物保护之间的矛盾异常激烈。同时，在新的一轮文物盗窃、盗掘、走私高潮中，犯罪趋向集团化、智能化和暴力化，组织更加严密，手段更加残忍。这一时期无疑是文物保护正处于关键的时刻。面对这样

2008年作者在中国考古学会第十一次年会暨第五届会员代表大会上发言

的形势，全国文物工作者必须顶住压力，履行职责，坚守道德规范，勇敢捍卫《文物保护法》。

二、“要抓好考古报告的质量”

考古发掘是考古学研究和文物保护工作的重要组成部分，是一种科学的、保护性的和积极主动的揭示、解释与再创造活动。而作为这种科学发掘活动记录和系统总结的考古报告，也应该视为一种文物保护的重要形式。此外，由于受考古学学科局限性及发掘者认识水平、工作水平的制约，考古发掘也不可避免地对古代遗存造成一定的损伤，因此考

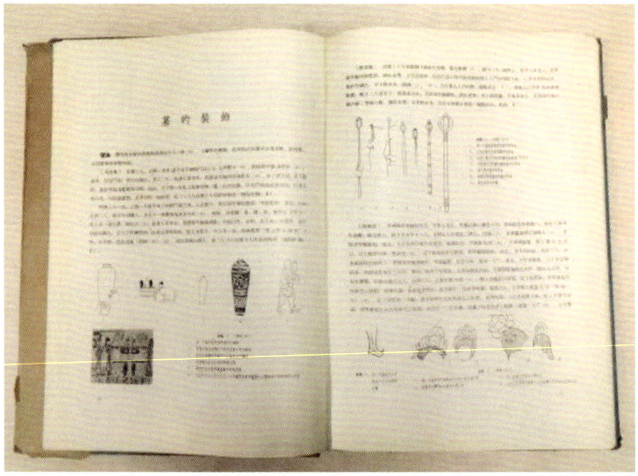

《白沙宋墓》书影

古资料整理和报告出版也是对考古发掘这一局限性的补救。同时，考古资料整理和报告出版还是文物保护工作的一个极为重要的环节，为完善“四有”（指有保护范围、有保护标志、有记录档案、有保管机构）档案、制定保护规划、实施文物保护提供重要的基础资料。

从这些意义上说，田野工作结束后及时编写、出版发掘报告，是考古单位和考古人员不可推卸的学术责任。但是，由于各种原因，考古资料整理和报告出版工作曾经严重滞后，影响了考古学研究和文物保护工作的开展，甚至影响了考古工作者的社会形象，一些考古学家不断大声疾呼：考古不出报告，等于花钱买破坏，甚至比盗墓贼还坏！呼吁加强考古报告出版工作。为扭转这种被动局面，国家文物局于2006年专门下发通知，专项督察重要积压考古资料整理和报告出版工作，力争在三年内解决一批重要积压考古报告的出版工作。与此同时，国家文物局加大对资料整理和报告出版的支持力度，每年都从当时总共1000万元的考古专项经费里面，安排超过700万元的资金用于补助考古资料的整理和报告出版工作。同时，在“十一五”期间重点文物抢救设施专项经费中，设立了近1亿元的资金，用于各考古单位的文物资料整理场地和库房建设，切实保证考古发掘资料整理工作的顺利展开。此后几年，每年出版的考古报告达到50余部，这些报告提供了丰富的考古资料，拓展了相关课题研究和学术讨论的广度和深度，也向公众展示了我国考古工作的丰硕成果。

2008年春节期间，我去宿白先生家中拜访时，汇报了推动考古报告的初步成果，没想到宿白先生在肯定国家文物局做法的同时，严肃地指出一些考古报告质量不高，甚至有的存在较大的问题，嘱咐一定要注意抓好考古发掘报告的质量问题。他强调文物是不可再生的资源，考古发掘资料整理和报告出版工作是一项极其严肃的科学工作，必须高度重视质量，要实事求是、全面系统地发表资料，并确保全部资料准确无误。事实上，宿白先生在高度重视考古报告质量方面，早已做到精益求精，特别是他早年编写的《白沙宋墓》开创了考古报告的编撰体例，堪称经典。

1951年，淮河支流颍水上游要修建白沙水库，库区内各类遗址的抢救性发掘紧锣密鼓地进行。宿白先生主持了河南禹县白沙镇北三座宋墓的发掘，至1952年1月中旬，发掘工作结束。当时历史考古学尚处于草创时期，考古学家在撰写发掘报告时大都限于对墓葬形制、出土遗物进行记录，却很少深入讨论相关的重要历史现象、历史问题。宿白先生凭借深厚的文献功底，查阅大量历史文献，与考古资料相结合，对墓葬的年代、墓主人社会地位、宋代河南家族墓地中流行贯鱼葬的习俗等深入分析，生动刻画了宋人的社会图景。1957年，宿白先生执笔的发掘报告《白沙宋墓》出版，成为国内考古报告的奠基之作。如果说田野发掘是考古学的基础，发掘报告则是将基础材料与研究相连接的桥梁。宿白先生在报告中确立起一套开创性的标准，即严格区分报告主体与编写者的研究，报告主体要客观、忠实、完整地记录，不能为了自己的学术观点隐瞒遗漏材料，正文之外以注释的形式交代材料出处或讨论零散问题，使报告内容更加严谨丰富。《白沙宋墓》考古报告加入了大量考证性注释，正文和注释分量相当，除了正文的注释，很多注都是旁证，是作者研究过程的记述，成为之后考古发掘报告的范本。尽管《白沙宋墓》已出版60多年，但是至今仍在学界颇具影响。

为了落实宿白先生的意见，切实解决考古报告的质量问题，2008年4月，国家文物局举办了“考古发掘报告编写工作高级研修班”，精心设计课程内容，邀请专家学者授课，要求考古单位和考古人员在重视田野工作质量的同时，要高度重视考古报告的质量问题，高水平地推进考古资料整理和报告出版工作。宿白先生、黄景略先生、张忠培先生、严文明先生、黄展岳先生等著名考古学者重点讲授考古资料编写和报告出版的质量问题。参加研修培训的各位学员抓住难得机遇，用心领悟先生们讲授的精髓，主动向先生们请教工作中遇到的难题和困惑，使研修培训取得了预期成效。

三、“培养专业人才最为紧要”

中华人民共和国成立以后，为了解决当时考古力量薄弱和专业人员缺乏的问题，1952年至1955年，由当时的文化部社会文化事业管理局、中国科学院考古研究所、北京大学历史系考古专业联合举办了四期“考古工作人员训练班”，全国共有346名学员接受了系统的文物考古培训。宿白先生担任组织领导与行政工作，并与夏鼐、裴文中、苏秉琦等著名考古学家一起参与训练班的教学。这为在全国大范围开展大规模考古工作打下了良好基础，赢得了中国考古“黄埔四期”的美誉。“新中国的考古骨干，大多直接或间接是宿白先生的学生”，可谓桃李满天下。

1952年，北京大学创办了全国首个考古学专业。1956年，苏秉琦先生任北京大学考古教研室主任，宿白先生任考古教研室副主任，两位先生联手创立了旧石器、新石器、夏商周、战国秦汉四个阶段的考古学教学体系。宿白先生还开设了中国古代瓷器、古代建筑、佛教考古、中西文化交流史等专题课程。1983年，北京大学考古系建立，宿白先生为第一任系主任，将自己的一生都奉献给了北京大学考古教育的发展。2004年，教学育人五十载的宿白先生因身体原因不再继续授课，但是他依旧关心着北京大学考古文博学院的发展。

2008年5月，在北京大学刚刚度过110周年华诞之际，我参加了国家文物局与北京大学召开联合办学指导委员会会议，在会上宿白先生就文物保护人才培养发表了重要意见，指出培养专业人才最为紧要，为联合办学取得实效指明了方向。这次会议的目的在于深化联合办学，明确双

图上
2005年宿白先生（右四）参加全国考古工作人员训练班纪念座谈会

图下
2003年北京大学考古文博学院教学发展委员会合影，前排右三为宿白先生

方合作的着力点，即北京大学为国家文化遗产保护事业培养高层次的专业人才和管理人才，提供智力支持，国家文物局为北京大学考古文博学院的发展创造适当的外部条件。通过国家文物局与北京大学联合办学，根据日益增长的文物保护领域人才需求，培养出一批又一批考古、博物馆、文物保护专业毕业生，不断补充到文物保护系统。同时，北京大学持续承办全国省级文物局局长管理干部培训班、省级博物馆馆长培训班和考古研究所所长培训班，以及西部地区基层文博管理干部培训班，为加强文物保护管理队伍的能力建设做出了不懈努力。宿白先生一直关心文物系统人才培养，积极参与国家文物局重大项目的论证、方案审核等项工作，为文化遗产保护事业做出重要贡献。

宿白先生是北京大学考古学科的主要创始人，他领导创办了北京大学的考古学专业，规划了中国考古学科的教学体系，在北京大学任教逾五十载，为我国的文物考古事业培养了大量优秀人才。自20世纪50年代起，参加考古、文物、博物馆和大学教学工作的考古专业人员，很多是宿白先生直接与间接的学生。宿白先生执教一生，从北京大学第一届考古专业本科生，到硕士生、博士生，他的学生早已桃李满天下。鉴于他的杰出贡献，2013年，宿白先生获得了北京大学蔡元培奖，即北京大学终身成就奖，这是对宿白先生教书育人成就的肯定和褒扬。

四、倡议设立“文化遗产日”

1983年，宿白先生任国家文物委员会委员。他对文物保护事业充满温情和关注，经常为文物保护建言献策。进入21世纪以来，北京城市大规模“危旧房改造”引起了社会各界的广泛关注和强烈反对。2002年9月，侯仁之、吴良镛、宿白、郑孝燮等25位专家、学者致信国家领导，题为《紧急呼吁——北京历史文化名城保护告急》，强烈要求：“立即停止二环路以内所有成片的拆迁工作，迅速按照保护北京城区总体规划格局和风格的要求，修改北京历史文化名城保护规划。”专家学者的声声呐喊、次次拼搏，感动了社会，唤醒了民众，扭转了相关政策。

宿白先生十分重视历史性城市和街区的保护，特别关注城市中古建筑、古遗址、古墓葬的保护研究。他通过长期以来在城市中开展考古工作的研究总结，提出“城市考古”的概念，并做出初步的分类。同时，运用考古学方法对城市历史、空间结构和功能开展研究，深化“古今重叠型城市”的理论，得到学术界的广泛认同。另一方面，也把“城市考古”理解为在现代城市范围内进行的各项考古工作。以今天的视角审视“城市考古”的学术概念和理论，不论是对城市考古研究，还是对科学开展城市考古与文物保护工作，都具有重要的现实意义。在2005年召开的第十届全国政协第三次会议上，我提交了《关于设立“文化遗产日”的提案》，希望国家设立“文化遗产日”，创造社会公众关注文化遗产保护的氛围，促进建立国家保护为主、动员全社会共同参与的文物保护体制。提案经政协提案委员会审核通过，提交国务院有关部门承办。然而，提案的承办单位表示，根据国家有关文件精神，目前严格控制批准设立新的纪念日。不久，在召开文物专家座谈会时，我再次提到设立“文化遗产日”的问题，得到与会专家们的一致赞同。于是11名专家学者联名致信国家领导，倡议设立“文化遗产日”，宿白先生就是领衔人之一。

2009年6月，庆祝中华人民共和国成立60周年，文化部、国家文物局决定授予21名文物博物馆领域的专家学者以“中国文物、博物馆事业杰出人物”荣誉称号。在人民大会堂，国务院领导向这些长期从事文物保护工作，并做出杰出贡献的专家学者颁发荣誉证书和奖状。当天宿白先生因为身体原因未能出席，当我把荣誉证书和奖状送到家中时，宿白先生非常高兴，表示要在文物保护方面继续努力。宿白先生一生淡泊名利、潜心治学，名衔众多，却始终以“北大教员”自居，但是我感到先生对于这一荣誉称号格外珍惜。“三句话不离本行”，随后宿白先生话锋一转，又开始谈起他关心的文物保护问题。这次他严肃地提出应加强

2009年作者到宿白先生家中送证书奖牌

石窟寺保护和推动石窟寺考古人才的培养。宿白先生是中国佛教考古学的开创者。以往不论中外学者，基本上都是从美术史的角度来研究中国石窟寺，包括拍摄照片、测绘现状和临摹壁画，但是宿白先生认为石窟寺这类历史遗迹，在不同历史时期有所变化，考古学就是研究和揭示这些历史遗迹变化的学科。然而目前能够从事石窟寺考古学研究的人才屈指可数。宿白先生的建议，推动我们持续开展了山西、河南、甘肃、新疆等地石窟寺保护状况调研，注重加强专业人才培养。

五、“淹没盐田，我深感痛心！”

宿白先生一生挚爱历史文化，晚年依然十分关心文化遗产生存状况。2009 年夏天，我收到宿白先生一封言辞恳切的来信，信中写道：“近闻云南古水水电站，将上马修建，并将全部淹没西藏芒康盐井盐田，为此我深感痛心！”宿白先生呼吁：“鉴于芒康盐井盐田在我国西南地区历史、文化、文物、景观、自然、民族、宗教等多方面的重要性，以及巨大的潜在遗产和文物价值，特别是它作为一部现存的活的历史，在当今世界各地极为罕见，因此，无论如何都应该负责任地把这处中华民族的珍贵遗产保护下来。”

读了宿白先生的来信，我感到很惭愧，身为国家文物局局长竟然对于西藏芒康盐井盐田一无所知，对于这处文化遗产的境况，还要由已是米寿之年的宿白先生告知。于是，带着宿白先生的重托，我立即踏上西藏芒康盐井盐田保护状况调查之行。西藏芒康地处澜沧江流域，两岸山体呈南北走向，区域内形成以高山深谷为主的峡谷地貌。朝阳下，站在加达吊桥、澜沧江岸、陡崖之上，遥望芒康盐田盐井，壮美的文化景观令人感到无比震撼，对千百年来各族民众在“世界屋脊”青藏高原上的辉煌文化创造充满敬意。盐井地区在唐代属于吐蕃盐川城，历史上是茶马古道上最重要的物资交换集散地，同时也是连通川、滇、藏地区各民族的经济文化走廊。我们对这一地区盐井盐田的分布状况、结构布局、生产工艺，以及周边环境和各类文化遗存进行调查了解。芒康盐井分为上盐井和下盐井两个居民聚落，其中下盐井的居民以纳西族民众为主，而上盐井以藏族民众为主，也有少量的纳西族民众。当地一些藏族民众信奉天主教，而一些纳西族民众则信奉藏传佛教，反映出经过千百年的文化冲突与融合，盐井地区形成了包括不同民族、不同文化、不同宗教在内的丰富多彩的文化面貌。

芒康盐井盐田海拔2300米左右，位于澜沧江两岸，左岸属于纳西乡，右岸属于曲孜卡乡。盐田沿岸边顺山势走向而建，高低错落有致。制盐设施根据功能分为盐井、公共卤水池及晒盐作业区。盐井位于江边，用不规则的石块垒砌而成，公共卤水池位于江岸近盐井处，晒盐作业区总数有上百个，位于坡地或陡崖之上，依山势层层修建，最多处达到10层，由私有卤水池和晒盐田两部分组成。晒盐田均为土木结构，顺山势走向竖立联排并列木柱，木柱长短视地表高低不同而各不相同。

在国际上，奥地利“海尔施达特盐矿遗址”，拥有从2000多年前的古罗马时期延续至今的文化遗迹，被列入《世界遗产名录》。在我国，四川自贡的“燊海井”以其世界上最深的采盐井，于1988年被公布为全

国重点文物保护单位。与这两处与古代盐业有关的文化遗产相比，西藏芒康盐井盐田不但是目前世界上仅存的最原始的盐业生产遗存之一，而且是连通川、滇、藏地区茶马古道上特殊地理位置的重要节点，还是世界上海拔最高、自然环境相对恶劣条件下盐业生产的杰出范例。因此，可以说芒康盐井盐田是目前世界上仅存的最原始的盐业生产的活化石，具有极高的历史文化价值。考察期间，我们对于当地丰富的文化与自然景观，当地民族构成、宗教信仰、文化面貌所具有的多样性，以及千百年来盐井地区的历史文化变迁有了一定认识。特别是芒康盐井盐田虽然具有上千年的悠久历史，至今仍为当地藏族、纳西族民众传承沿用，是典型的活态文化遗产。而拟建中的古水水电站水库，将使芒康盐井盐田处于水库淹没区内，伴随水库的修建，这处珍贵的文化景观遗产将被全部淹没。同时，水库淹没区涉及的茶马古道，在2000多年前就已经形成，是我国西南与西北各族先民进行民间交往的重要通道，也将被永远淹没于水下。在文化遗产现场，我们召开了芒康盐井盐田保护座谈会，对盐井盐田遗址和遗产环境保护提出要求。回到北京，国家文物局立即致函云南省政府和西藏自治区政府，明确要求停止水库建设方案实施，绝对不能因水库建设使芒康盐井盐田这处珍贵文化遗产遭到破坏，同时应将芒康盐井盐田列入文物保护单位。经过一番努力，得到云南和西藏方面的回复，承诺停止水库建设，对芒康盐井盐田实施整体保护，并申报全国重点文物保护单位，于2013年正式挂牌。宿白先生的呼吁，挽救了这处具有“突出普遍价值”独一无二的文化遗产。

六、宿白先生与故宫博物院

宿白先生与故宫博物院渊源很深，他主持发掘的“白沙宋墓”一号墓考古出土资料，至今保留在故宫博物院的文物库房。“白沙宋墓”一号墓为主墓，出土精美的墓室壁画。1952年在完成挖掘后，即被装箱运至北京，由故宫博物院保护管理，共有出土文物151箱，内装人物题材墓室彩绘砖和斗栱藻井墓室彩绘砖等。这批出土文物至今尚未全部开箱清点。2018年，在北京大学120周年校庆活动中，考古文博学院联合多家考古所、博物馆举办“寻真——北京大学考古教学与科研成果展”，借展了由故宫博物院保管的“白沙宋墓”墓室壁画彩绘砖，讲述北京大学设立考古专业之初的重大考古收获，并以此缅怀宿白先生对考古学的巨大贡献。

在20世纪70年代的特殊环境下，故宫博物院曾举办“文革”期间出土文物展览，宿白先生是筹展组人员之一，当时陕西、甘肃、新疆、黑龙江、河北、广西、广东等全国各地前来的筹展人员都住在武英殿，宿白先生也每天都参与展览筹备。单士元先生曾讲过，宿白先生参加筹备展览时，在故宫院内看到散落的砖瓦上面有铭文，认为具有重要价值，就写信给单士元先生建议进行收集，加以保护。实际上，单士元先生每天在故宫博物院中巡视之际，也特别注意收集与紫禁城有关的文物资料，拾来不少“破烂”。由此可见老一辈文物工作者对文物的保护态度和务实品格。宿白先生曾两次赴西藏调查，足迹遍及拉萨、山南、日喀则等地区大部分佛教寺院。1996年他出版的《藏传佛教寺院考古》，被学术界称誉为“西藏历史考古学的奠基之作”。1992年，故宫博物院首次在乾清宫东西两庑举办“清宫藏传佛教文物展”“西藏文物精粹”两个展览，宿白先生作为顾问，指导挑选展品。由于全部文物都是首次面世，具有很高的学术价值，出版的《清宫藏传佛教文物》一书是故宫博物院首次出版藏传佛教文物图录，宿白先生审阅了全部文稿。1995年，故宫博物院开始组织院内各领域专家编著故宫珍品全集六十卷，其中有藏传佛教造像、唐卡两卷，先生又应邀担任了全书的总顾问。清朝在紫禁城内修建了众多藏传佛教佛堂，许多佛堂现在仍然较好地保存着历史旧貌，称为原状佛堂，现存有雨花阁、宝相楼、吉云楼、佛日楼、梵华楼等20多处保存比较完好，不仅古建筑完整，而且室内保留的清代匾联、供案、神佛造像、佛塔、供器、法器、唐卡、壁画等基本维持原样。宿白先生认为，中国历史时期考古就到元，但明清故宫原状佛堂的整理研究实际就是比较特殊的“地面考古”“寺院考古”，先要做好勘查记录，把握建筑结构、布局的特点，确认每件文物的形制、尺寸、摆放位置等。宿白先生指明了故宫藏传佛教研究，特别是原状佛堂研究的方向方法。

紫禁城是我国古代宫城发展史上现存的唯一实例和最高典范。2002年10月，故宫整体维修保护工程正式开工，聘请宿白先生为故宫修缮工程专家咨询委员会专家。经过详细勘察设计及精心施工，2005年10月，武英殿维修保护工程顺利竣工，作为展览场所对观众开放，获得专家好评。同时，故宫博物院决定编写出版《故宫古建筑保护工程实录——武英殿》。在搜集整理大量档案资料的基础上，于2007年11月，就全书体例、架构等问题召开专家研讨会。宿白先生在听取汇报后发表了重要意见，他认为：全书文章架构方面，可以参照借鉴考古报告，将前期勘查得到的各类建筑信息如实地展示给读者，力求做到真实、全面、可靠。

2005年3月，我收到宿白先生和徐苹芳先生联名的来信，呼吁重编《中国陶瓷史》。信中说，1982年中国硅酸盐学会曾出版过《中国陶瓷史》，时隔多年，陶瓷考古突飞猛进，新资料层出不穷，重编《中国陶瓷史》势在必行。信中强调这是一部学术性著作，以考古学资料为基础，用考古学的方法，尽可能从手工业史的角度，阐述中国古代陶瓷手工业的发展历史。“我们力争此书在资料上齐备，在学术上有新的突破，使之成为在国际学术出版界最有影响的中国古代陶瓷史研究著作。”两位先生希望这项工作能够得到国家文物局的批准，在立项和经费申请方面，给予支持。国家文物局随即召开会议予以落实。今天，期盼这部宿白、徐苹芳和张忠培等各位先生付出心血的著作，能够早日问世。

早在20世纪50年代，宿白先生就在北京大学考古教研室，开设了中国古代瓷器课程。2005年10月，故宫博物院古陶瓷研究中心正式成立，聘请宿白先生为客座研究员。研究对象主要是故宫博物院收藏的37万余件古陶瓷类文物、古窑址采集的6万至7万片古陶瓷标本，以及世界各地收藏的中国古代陶瓷。具体研究内容包括对不同时期、不同产地、不同类型古陶瓷制作原料、工艺、结构，以及相关性质的科学研究；对古陶瓷年代、窑口、真伪的科学研究；对古陶瓷的科学保管、修复和复制等技术的科学研究等。2015年7月，在古陶瓷研究中心基础上，成立了故宫博物院陶瓷研究所。

人们说，宿白先生是为学术而生的人。他治学以严格著称，其学术研究涉及领域之广博，对材料理解之深入，治学态度之严谨，融贯能力之强大，令人叹为观止。张忠培先生赞叹他是“一个百科全书式的人物”。一方面博古通今，能将各个领域的知识融会贯通，博观而约取，厚积而薄发，具有兼收并蓄的治学理念，令人感到无限敬仰。另一方面又是那么平凡真诚，做起事来一丝不苟，讲起话来慢条斯理，没有半句废话，始终以教书育人为本，令人感到无比亲切。有人说，宿白先生很威严，令人感到敬畏，但是我从他身上感到的却是坦诚和专注，温文尔雅，谦谦君子之风。

2009年宿白先生（一排右三）参加故宫修缮工程专家咨询委员会第六次全体会议

近二十年来，每当节日期间，我总要去几位德高望重的学者家中拜访，表达谢意与敬意，在感谢他们指导的同时，也使自己在繁忙工作之余，得到片刻停歇，求教问题，聆听教诲，保持头脑清醒，在工作中不走或少走弯路。在我经常拜访求教的学者当中，有四位先生恰好同龄，即北京大学的宿白先生、清华大学的吴良镛先生、国家文物局的谢辰生先生、故宫博物院的耿宝昌先生。记得在四位先生90岁生日的时候，我分别以不同形式向他们表示了祝贺，祝他们健康长寿，也一直讲待到四位先生百岁生日的时候，大家来一起祝贺。但是，宿白先生却提前离开了我们。每当回忆起宿白先生对我的教导，就更增加了思念之情。

宿白先生所留下的精神遗产和治学理念，值得我们永远珍惜。

传大匠精神

给青年的话

择一事终一生

在故宫里如何做研究

大匠无名

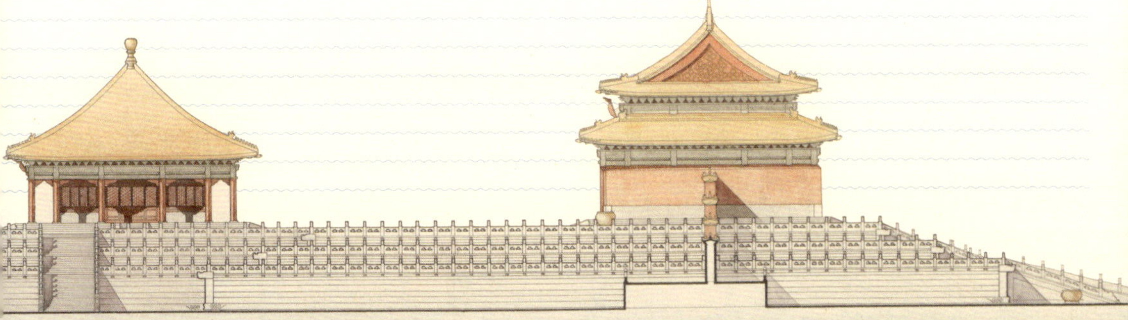

第十五讲 给青年的话

五四青年节是青年人的节日，也是我们每一个人的节日，因为我们都曾经年轻过。

每次参加团委的活动，我的心理都很复杂——“羡慕、嫉妒、恨”。“羡慕”年轻人成长于好时代，“嫉妒”年轻人的青春活力，“恨”时光让我们这一代老得太快。对于每一个人来说，最值得怀念的往往是青春时期。我是1970年在湖北沙洋原劳改农场的“牛棚”里加入的共青团，并当选为团支部书记。我的共青团员时期，是在农村和工厂里度过的，那时候没有现在这么多的书籍，更没有现在这么多接收知识的方式，顶多是一些1966年之前出版的缺面少页的小说，甚至是手抄本小说，大家来回传看，有着对知识的渴望，但是没有学习的条件。那时我心中也有崇拜的英雄，例如古代的岳飞、当代的欧阳海、外国的保尔·柯察金等。当工人的时候，工余时间我在大树下捧着姐姐上初中、高中时留下的课本反复阅读，感到未知的世界很有趣，但是没想到几年以后国家恢复高考，学到的知识派上了用场，高考取得了较好的成绩。从那以后，我一路走来，学到现在。总之，每当回忆青年时代，“青春无悔”这句话一直在心中燃烧，不断激励我继续往前走。

今天，共青团员是故宫博物院的一支强大力量。不同时期的共青团员，有着不同的风采，做出过不同的贡献。目前故宫博物院既处于事业快速发展的关键时期，又处于新老交替的关键阶段，一批又一批经验丰富、为故宫博物院事业发展做出贡献的老“故宫人”退出工作岗位，一

故宫博物院团委2014-2015年度评优表彰会合影

批又一批新员工走进故宫博物院，经过培训进入工作岗位。可喜的是，青年一代在迅速成长，开始在不少岗位崭露头角，发挥着越来越重要的作用。

我想，今天年轻人所呈现出的青春活力和良好的精神面貌，得益于有一个好的团组织。故宫博物院团委有着光荣的传统，院里很多领导都曾经做过青年工作。正是故宫博物院一届又一届团委，带领一代又一代青年团员，在各自岗位上进步成长，保持着良好的传统，起着重要的组织凝聚作用。近年来，故宫博物院团委不断开拓创新工作思路和方法，开展了许多丰富多彩的活动，获得了“中央国家机关最具活力团组织”和“文化部五四红旗团组织”的荣誉。

当然，故宫博物院团委工作的开展和荣誉的取得，也和全院各部处以及全体员工的支持分不开。在大家的支持下，团委通过组织丰富多彩的学习活动、文化活动、体育活动，为青年人的成长进步提供了更多的机会和平台，帮助他们接触自然、接触社会，增加团结、增加了解，增长知识、增长才干，不断努力获得新的阅历、新的体验、新的人生和新的收获。青年人的活动，也使故宫博物院的工作氛围更加和谐，人际关系更加友善。

站在600岁高龄的紫禁城内，每个人都是年轻的，甚至是年幼的。故宫博物院也已经度过了95岁的生日，但是与600年历史的紫禁城相比，故宫博物院还很年轻。95年的非凡历程，使故宫博物院获得了两个非常宝贵、世代传承的称号，一是“故宫人”，一是“故宫精神”。我们只要牢记这两个称号，每天走进故宫博物院，走进紫禁城时，就都会自觉沉下心来，踏踏实实地做事，这就是传统文化的力量。现在的社会环境与以往相比发生了很大变化，但是传统文化要坚守，理想信念不能改变，这样我们才能满怀信心地走向未来。

因此，我曾面向故宫的团员青年提出三点建议，并与所有青年朋友共勉。

首先，作为“故宫人”，传承“故宫精神”，要牢记“学海无涯”。我们在故宫博物院工作，面对的是一个知识的海洋，这里有取之不尽的文化宝藏，需要不懈地学习和深造。在故宫博物院学习更强调“思”与“行”的结合，向身边经验丰富的前辈们学习是青年人增长才干的捷径。在故宫博物院没有什么业务部处、非业务部处，所有部处都有自己的核心业务，每个岗位都有需要研究的课题。这种学习是自觉的学习，是联系实际、结合实践的学习，也是通过学习积累经验的过程。因此，青年团员的学习任务非常重，距离成为拥有“故宫精神”的“故宫人”还有很长的路要走。

第二，作为“故宫人”，传承“故宫精神”，要坚守爱岗敬业。故宫博物院的每个岗位都是神圣的，都是整个事业发展中不可缺少的环节。对于青年人，既要干一行爱一行，又要为今后承担更沉重的担子做好准备。在这方面我有比较深刻的体会，从1970年我进工厂当工人，第一个岗位是食堂炊事员，揉了两年半馒头，之后当机修钳工，当团委书记，当教师，一路走来被调动了十几次工作。在这过程中我明白了，无论什么工作，只要沉下心来深入进去，都会感到岗位的可爱，每天心中都有灿烂的阳光。因此，爱岗敬业既要干一行爱一行，也要不断充实积累。

故宫博物院文保科技部的同事在进行文物修复

作者行走在六百年紫禁城

图上
2015年故宫博物院『海棠社』成立仪式

图下
2017年院史话剧《海棠依旧》在保利剧院演出

第三，作为“故宫人”，传承“故宫精神”，永远怀揣梦想。由故宫青年员工排演的反映故宫博物院文物南迁的院史话剧《海棠依旧》是一部令人感动的作品，以古物南迁、西迁、迁台过程中故宫人守护国宝的真实故事为主线，表现了故宫人对于国宝典守珍护的情怀，体现了年轻一代对“故宫人”精神的自觉传承。无论是参加演出，还是观看演出，都使我们深刻感受到每一代“故宫人”都拥有崇高的理想。今天国家提出“中国梦”的宏伟目标，我们故宫人也有“故宫梦”，是“中国梦”的一部分。实现故宫博物院事业可持续发展，要靠全体“故宫人”的理想和志向，理想使我们更坚定地前行，满怀激情地工作和生活。青年人最具活力和创新精神，最容易唤起周围群体的热情。如果故宫博物院的团员青年都能成为传播“故宫精神”的正能量，故宫博物院的将来就会更美好。

2020年，故宫博物院已经进入世界一流博物馆行列。世界一流博物馆的标准，除了壮美的馆舍建筑、丰富的文物藏品、持续的观众流量，还要为社会和社会发展做出独特的贡献。作为综合博物馆，方方面面的工作成果都要精彩。故宫博物院有这样的能力和条件，关键要齐心合力努力达成。故宫博物院的未来希望就在青年人身上，今天的青年团员，明天将是故宫博物院的栋梁！

第十六讲 择一事终一生

作为综合性博物馆的故宫博物院，文物收藏十分丰富，涉及中华五千年文明的广泛领域。长期以来，故宫博物院努力从世代累积和传承的传统文化中汲取营养，通过藏品修复保护，延续文化基因，把弘扬优秀传统文化和发展现实文化有机统一起来。

对于故宫博物院来说，无论是16万平方米的故宫古建筑群，还是故宫博物院文物藏品，都是数百年、数千年来，中国文化创造的精华。例如故宫古建筑是中国官式古建筑的最高形制，积累了历朝历代名工巧匠的传统技艺；再如故宫文物藏品，青铜器、瓷器、玉器、漆器等，都是那个时期最杰出艺术创造的汇聚。故宫博物院的186余万件藏品中，居然有168万件为国家定级的珍贵文物，占全部文物藏品的90.3%，这是世界上任何一座博物馆都没有的高品质文物藏品集合。因此，无论是故宫古建筑的维修保护，还是故宫文物藏品的修复保护，都必须具备高超的传统技艺。但是，很多古代传统技艺，由于社会环境的变迁、生产条件的变迁、生活方式的变迁，都已经断代，或者没有实现合理延续。

例如北京有一座大钟寺，保存有一口明代永乐时期铸造的大钟，6米多高，在这口钟的本体上，无论是钟的内侧还是外侧都有文字，一共23万字，钟体上没有因为制造不当留下的瑕疵，至今永乐大钟敲起来依然声音洪亮，堪称奇迹。我在北京市文物局工作时，曾经希望在人类进入新的世纪时，再制造一口“世纪大钟”，体量、造型、材料等与永乐大钟相仿，在钟体上铸造世纪铭文，把波澜壮阔的20世纪中华历史铸造在钟体上面，敲起来声音同样悦耳。但是没有实现，因为在招投标的过程中，没有单位敢于应标。只有一家造船企业表示，如果钟体的外表面上铸造文字，而钟体的内表面不铸造文字的话，还可以试一试。由于不想逊色于永乐大钟，我只好放弃了这一不切合实际的想法。

为什么认识到不切合实际呢？难道古人能做的事，当代人做不到了吗？实际上，并不是今不如昔，关键是如此巨型铜钟的制造技术已经失传。可以想象，过去制造这口永乐大钟，一定是由当时身怀绝技的制钟工匠承担，而他们在制造这口永乐大钟之前，一定已经做过数不清的铜钟，经过一代一代积累、一代一代传承，掌握了巨型铜钟铸造的丰富实践经验，例如钟体合金的比例、添加材料的类别、铸造温度和时间的掌控等，其间虽然不断获得成功，也必然有过多次失败。只有经验不断积累，技艺不断熟练，才能最终成就永乐大钟这样登峰造极的人类文化成果。但是，如今上百年过去了，很少再铸造巨型铜钟了，几代人下来铸钟的技术也就失传了。今人没有可能在未经大量实践的情况下超越古人。所以不能说今不如昔，不能说今天人们没有过去人们的智慧，关键是任何技艺都需要传承。由此可见，技艺传承何其重要。

故宫博物院文物藏品的修复保护也同样，过去为皇宫建造宫殿，为皇家制造用品的人们，都是从全国各地汇集的能工巧匠。平时人们说，故宫博物院的文物大部分是皇家的收藏，其实它们大量来自地域文化的传承，来自民间工匠的制作，包括很多江南地区掌握传统技艺的工匠。例如大量宫廷服饰，出品于苏州、杭州、江宁三个皇家织造机构的织绣工匠之手，大量御窑瓷器则生产于景德镇的瓷器工匠之手。所以，故宫博物院的大量文物藏品是接地气的，是在现实生活中能够感受到存在意义的。然而有些工艺技术失传以后，想要重新恢复传统技艺，需要有一个艰苦的探索过程。在这个过程中，首先需要传承的是“工匠精神”，培养一代一代的传承工匠，重拾昔日杰出的传统工艺技术，才能使中华文明的历史链条永远保持完整。当年这些物品出自人们的实操，大多经过人们的手工制作。今天，在现实生活中，越来越多领域的手工制作被机器制造所取代。但是，无论机器制造水平发展到什么程度，高新技术发展到什么程度，很多传统技艺还是要靠世代传承来实现。由能工巧匠通过传统技艺所制作或修复的物品，可以呈现出独具特色的魅力，保持有亲切感人的温度，这种品质难以由其他手段替代。因此，故宫博物院通过加大非物质文化遗产传承人的培养，给他们创造更好的环境，使他们能够更安心地、更静心地、更专心地从事文化传承工作，也使社会公众通过故宫博物院的持续努力，看到今天保护中华优秀传统文化的重大责任和艰辛付出。

今天，为了使故宫博物院文物藏品的生命历程能够健康延续，就需

2016年南大库维修保护工程

要对它们进行经常性的维护，对其中一些有严重问题的文物藏品进行科学的抢救修复。经过全面精心维护，才能使越来越多的文物藏品保持健康稳定的状态，并能够持续向社会公众展示。这些得益于故宫博物院拥有一支世代传承，并不断充实健全的专业文物维修保护团队。这些技术水平高超的文物修复保护专家们，日复一日、年复一年地坚守在平凡而责任重大的文物修复岗位，工作过程鲜为人知、默默无闻，不因重复操作的枯燥而烦躁，不因周围环境的喧嚣而浮躁。他们将文物藏品看作有生命的存在，为使文物藏品延年益寿而竭尽全力。事实上，文物藏品的生命历程，一般比人的生命历程要长得多。当文物修复保护专家们谈到在故宫博物院工作的最大收获，认为文物修复保护是一门功底扎实的手

2014年作者在苏州御窑金砖厂体验传统技艺

艺。在故宫工作，不是一个虚名浮利的位置，而是需要踏踏实实、规规矩矩地做人做事。他们心中有“文物胜于生命”的核心理念。

故宫博物院不但收藏着大量的文物精品，还保存着许多中国古代特有的传统手工技艺，例如古书画的装裱与修复、青铜器的修复与复制、玉石器的雕刻与镶嵌、传世漆器与木器的修复、古书画临摹复制技术、古钟表的修复技术、囊匣的制作技术等。这些技术，都有着上百年的历史，有的历史甚至更为悠久，是经过世代相传，在不断完善和发展中形成的有着完整工艺流程的技术，具有中国鲜明的民族风格，也是具有故宫特色的“非物质文化遗产”。

故宫博物院现有的这些传统工艺技术，都有着清晰的传承脉络。故宫博物院的青铜器传统修复技术源于清代的“古铜张”派。1952年，

2015年『故宫博物院文物保护修复技艺特展』开幕式

“古铜张”派第三代传人赵振茂进入故宫博物院，从事故宫青铜器修复的工作，从此将这项传统工艺又带回了紫禁城。几十年来，通过师承制的方式培养了一批掌握传统修复技术的青铜器修复、复制人员，先后修复、复制了包括班簋、莲鹤方壶、齐史祖辛觯、二祀邲其卣、马踏飞燕等一大批国宝级文物。

古书画装裱修复技术距今已有1700多年的历史。故宫博物院保存的“古书画装裱修复技术”是国家级非物质文化遗产，这项技术也是一脉相承不断发展的具有中国特色的手工技艺。几十年来，故宫博物院先后修复了张择端《清明上河图》、展子虔《游春图》、韩滉《五牛图》等一系列国宝级书画，同时传承技艺，培养了享受政府特殊津贴的专家张金英、全国非物质文化遗产保护先进个人徐建华等，并为故宫博物院和

全国各地博物馆培养了一批掌握中国传统书画装裱修复技术的专业人员。

故宫传统钟表修复技术已经延续了300多年，它的前身可以追溯到康熙年间的清宫造办处，当时的造办处下设有做钟处，是承制御制钟的地方，也兼修宫廷钟表。到1924年溥仪出宫，做钟处结束其使命，但是有些人员仍然留在故宫内从事古钟表的保养与修复。故宫博物院成立后，从事古钟表保养与修复工作的人员被保留下来。1949年后，故宫博物院组建文物修复工厂，传统钟表修复列为其中一项工作，并成立了专门的工作室，招收新人，通过师徒的传承，这项技术得以延续至今。

中国书画临摹技术自唐宋时期就已经十分发达，到了清代，出现了

2017年文化部委托故宫博物院举办古代钟表修复技艺培训班开班仪式

仿绘、临摹传世名作的行业。故宫博物院从20世纪50年代开始，吸收了上海、北京等地的一批掌握传统书画临摹技术的专家，在故宫博物院文保科技部开始进行书画文物的临摹复制工作。例如根据原件耗费近十年时间完成的作品《清明上河图（摹本）》，已经作为珍贵文物列入故宫博物院收藏。

官式古建筑营造技艺包括“瓦、木、土、石、搭材、油漆、彩画、裱糊”等八大作，其下还细分了上百项传统工艺，从材料到做法，都要严格遵循营造则例。故宫作为官式古建筑营造技艺的典范，在六百多年的发展变化中，产生了优美的建筑造型，形成了完美的建筑工艺技术，对中国，尤其是北方地区的古建筑技术的发展起到了重要的引领作用。成立于2014年的明清官式建筑保护研究国家文物局重点科研基地暨故宫研究院古建筑研究所，以保护明清官式建筑，组织开展系统和专项研究为宗旨，充分利用故宫博物院的优势，组织院内外专家，系统深入地探索和总结明清官式建筑的发展历史、建筑形制、营造技艺、保护修复理论与方法，培养相关专业人才，并作为一门专业必修课程走进多所高等院校。

同时，故宫博物院也在机制方面进行探索，尝试引入社会人才修复文物。一些非遗传承人的业务档案显示，他们的前辈或者师傅的师傅曾在清宫造办处工作，显示出技艺的流传有序。2013年6月，“平安故宫”工程院藏文物抢救性科技修复保护合作项目正式启动。40多位传承人在木器家具、宫廷灯具、车马轿舆、中和韶乐、佩刀佩剑、剧装盔头、缂丝挂屏等8个文物保护修复平台上进行工作，更好地传承和弘扬中

图上
2013年午门雁翅楼维修工程启动

图下
修缮后的午门雁翅楼

故宫古建修缮技艺展示

图上 2014年官式古建筑木构保护与木作营造技艺培训班开班仪式

图下 作者在官式古建筑营造技艺培训班总结会上体验传统技艺

2016年纪录电影《我在故宫修文物》新闻发布会

华优秀传统文化，满足广大民众的精神文化需求。

2016年播出的纪录片《我在故宫修文物》深受年轻人欢迎。随之而来的是故宫博物院的文物修复师，成为受年轻人青睐的职业，说明“择一事终一生”的敬业态度，更确切说是故宫“工匠精神”，打动了他们，证明传统文化在年轻一代国人中具有强大的凝聚力与感召力。故宫博物院拥有“装裱修复技艺·古字画装裱修复技艺”“古书画临摹复制技艺”“青铜器修复及复制技艺”“古代钟表修复技艺”“官式古建筑营造技艺”五项国家级非物质文化遗产，拥有最顶尖的文物修复技术和文物修复团队，并建成了世界上第一所“文物医院”。另外，还有传统漆器修复与复制技艺、百宝镶嵌修复技艺、传统木器家具修复技艺、传统囊匣制作技艺等四个项目，不断加强自身建设，正在申报国家级非物质文化遗产项目。

第十七讲 故宫里如何做研究

故宫博物院有三百名高级职称的研究人员，但是其中不少老专家学者进入了退休年龄，有的已经退休多年。他们是故宫博物院最宝贵的财富。

一、故宫研究院的创立与发展

我们希望专家学者们能够留下来，继续从事研究工作，于是故宫博物院建立了故宫研究院。2013 年 11 月 4 日，故宫博物院举行了故宫研究院成立大会，众多学术界泰斗和文化部、国家文物局领导出席大会表示祝贺。我们两位令人尊敬的老院长，张忠培先生和郑欣淼先生分别出任故宫研究院名誉院长和院长。故宫研究院先后成立了故宫学研究所、考古研究所、古建筑研究所、明清档案研究所、古文献研究所、藏传佛教研究所、宫廷戏曲研究所、陶瓷研究所、书法研究所等，目前已经组建

2013年故宫研究院建立

了20个研究所。

这样这些90多岁、80多岁、70多岁的老专家学者们，仍然可以在故宫博物院从事研究工作，例如著名陶瓷专家耿宝昌先生在95岁高龄时仍然每天都来上班，他们在从事研究工作时，身边就会有几位年轻学者和他们一起工作，学习老前辈的经验和精神，10年以后、20年以后，新的一代专家学者就会培养出来。

2014年，故宫博物院通过故宫研究院的创新平台，聘请到四位杰出的学问大家。他们分别是中国古代建筑历史与书画鉴定、中国艺术与考古、中国古籍整理与版本鉴定等领域的翘楚人物。延聘傅熹年、李致忠先生是为了延续故宫博物院尊学崇道的传统，壮大故宫博物院的优势学

2014年故宫研究院聘任顾问仪式留影

术领域。聘请雷德侯教授、罗森爵士，则在于搭建故宫学术科研走向国际学界的桥梁，拓宽故宫博物院与国际学界间的交流与合作，扩大故宫博物院的国际学术声誉。

二、永无止境的学术研究

同时故宫博物院有大量的研究项目列入国家重点研究课题，例如带

故宫研究院成立大会留影

先秦铭文的青铜器的研究、2.8 万件碑帖的研究、2.3 万片殷墟甲骨的研究。10 年前故宫文物清理的时候，在图书馆发现了两个大箱子，打开一看是乾隆御稿，乾隆皇帝写的诗。经过整理共计 2.8 万首。过去故宫博物院藏品总目中有乾隆皇帝写的 1.7 万首诗，这次新发现了 2.8 万首，证明他一生确实写了不少于 4.5 万首诗。我开玩笑说，紫禁城建成 600 年来，有两个人写诗最多，一个是乾隆皇帝，另一个就是郑欣淼院长，他是现任中华诗词学会的会长，因此由郑欣淼院长组织整理研究乾隆御稿最为合适。

与乾隆御稿同样重要的还有故宫尺牍。这些尺牍都不是清宫旧藏，而是建院这些年来陆续汇集的，包括国家划拨的、名人捐赠的，在北京琉璃厂、上海的市场、广州的市场、香港的市场等购藏的，达到现在4.2万件（套）的规模，其中像曾国藩系列、董其昌系列，绝对不只是书法的研究，而是可以揭示出一段段鲜为人知的历史，因此需要搭建若干个平台来研究这些尺牍。

还有大量的历史照片。故宫博物院收藏有1.8万张历史照片，还有2.7万张历史照片的玻璃底片，每一张照片都要细心地研究，才能够判断当年是谁拍摄的、什么时候拍摄的、在什么地点拍摄的、拍摄的人物是谁等，只有经过认真研究以后，才能进入博物馆藏品序列。

三、故宫学术传统的传承

故宫人才的培养有其悠久的传统和行业特色。师傅带徒弟的培养模式在文物鉴定与修复等方面取得了巨大的成功。近年来，随着拥有良好教育背景的大学毕业生融入故宫学术团队，极大地充实了故宫学术科研力量，并保留传承了诸多非物质文化遗产制作技艺。

如果说，建院初期易培基、马衡等人士是首为社会名流、次掌故宫文衡的话，那么陈万里、孙瀛洲、唐兰、罗福颐、单士元、王璞子、徐邦达、朱家溍、刘九庵、于倬云、冯先铭等一批老一辈专家确是故宫学术的脊梁。他们矢志故宫文物研究，默默奉献，延续了故宫的学术传统。

故宫有好的学习条件，我们身边就有享誉文物保护和博物馆界的学术“大师”。例如耿宝昌先生等，他们言传身教，体现着故宫精神。包括一些曾在故宫博物院工作的专家，虽然已经离我们而去，但是他们爱

2015年故宫研究院工作会合影

岗敬业的精神还留在故宫博物院，从他们的著作中，从故宫博物院的传统中，我们还可以获得感受。他们中间，有人终生成长于故宫，感念故宫的培养，也有人成名于社会，回报故宫的信赖。可以说，紫禁城的红墙从来没有阻隔故宫博物院与外界学术人才的交流，从来没有压抑故宫博物院吸纳院外人才的胸怀。

第十八讲 大匠无名

清代，宫廷中曾有“行走”一职，值守于上书房的称“上书房行走”，服务于皇帝左右的称为“御前行走”，但似乎没有一个人可以走遍故宫的角角落落。2012年受命担任故宫博物院的院长以来，我就开始一间房屋一间房屋地察看，一个角落一个角落地行走。只要是不出差的日子，我都会在故宫里行走。几年过去了，我可以自豪地说，我是个最勤奋的“行走”。

正是在这样的行走中，我自然而然就和这里的沉沉殿阁、一草一木产生了深厚的感情，也自然而然地体悟到蕴藏在那些精巧的斗栱、严密的榫卯、高耸的龙吻走兽背后的大匠精神。无论何时穿梭在那高墙内，总能感受到这座紫禁城的灵魂。

保和殿后云龙大石雕

一

故宫的北门是神武门，向北正对着巍峨秀丽的景山。一年四季，都有摄影爱好者站在景山的万春亭看向故宫的重重殿宇万户千门。一般的游客从朝南的正门——午门进来，一直向北走，先是三大殿——太和殿、中和殿和保和殿，次经乾清宫、交泰殿、坤宁宫，直通御花园，这构成了全部宫殿的中轴。这中轴恰恰安坐在北京的中轴线上。

只要想想那三大殿的基石，都是高达数米的汉白玉石，想想一个太和殿，面阔 11 间，进深 5 间，就是一座由 55 间房子组成的大殿堂，就不由得感叹这背后凝聚了多少工匠的心血……当年修建紫禁城的木料，都是从四川、贵州、广西、湖南、云南各省采伐而来，大树在山中砍倒后，要等待雨季利用山洪从山上冲下来，然后经由江河水运一路运到北京。还有笨重的石料，要等到冬季严寒季节，在通往北京的道路上泼上水，铺成一条条冰道，为了铺冰道，还要每隔一里打一口水井……

雄伟壮丽的紫禁城古建筑，其设计通常由皇帝钦派亲王及内阁重臣组建工程处，下设样式房，派最优秀的样子匠及建筑师供役。明代工匠有严格的匠籍制度约束，并要求匠户世代为匠，以保证工匠的数量及技艺的传承。清顺治二年（1645）匠籍制度废除，但清廷对紫禁城的维护、修缮、改建十分频繁，依然需要大量的工匠，家传及广泛存在于民间的师徒制匠人成为优秀工匠的主要来源。

我们熟知的“样式雷”家族就是家传的代表。从康熙朝直至清末民初，样式房的主持人主要出自雷姓世家。雷姓家族从第一代雷发达算

清宫建筑烫样及局部

起，前后七代传承不辍，延续200多年，都是清廷样式房（相当于皇家建筑院）的掌案头目人，其设计涵盖了都城、宫殿、坛庙、园林等多种皇家建筑。除了故宫，“万园之园”圆明园、承德避暑山庄、天坛、颐和园、北海、清东陵等，这些技艺卓绝的不朽杰作构成了中国五分之一的世界文化遗产。不但在中国，就是在世界建筑史上，都堪称无与伦比的奇迹。除了宏伟的建筑，雷氏家族为我们留下了不计其数、极为珍贵的“样式雷图档”，现分别收存于故宫博物院、中国国家图书馆、清华大学建筑学院等，也有一部分流失到海外。在这些图档中有一部分是烫样，相当于今天的立体模型，它是用纸张、秫秸和木头加工制作的模型图，最后用特制的小型烙铁熨烫而成，故而称为烫样。根据这些烫样，我们既可以了解单体建筑的形式、色彩、材料和建筑物内部的梁架结构，也可以欣赏组群建筑的布局和环境布置，匠人的匠心独运让你叹为观止。

据《大明会典》载，洪武时期定制的官式古建筑营造所涉及的专业工种约二十余种，并各有定数，如木匠三万三千九百二十八名，锯匠九千六百七十九名，瓦匠七千五百九十名，油漆匠五千一百三十七名，竹匠一万二千七百零八名，黑窑匠二千二百七十二名，削藤匠四十八名，雕銮匠五百零二名，搭材匠一千一百一十二名，土工匠一千二百七十六名，芦蓬匠二十二名，石匠六千零一十七名，镟匠四十六名，琉璃匠一千七百一十四名，裱褙匠二百一十二名……随着清顺治、康熙、雍正各朝对紫禁城的不断重建、重修，到了清代晚期，形成了沿用至今的八大作——瓦作、木作、土作、石作、搭材作、油漆作、彩画作和裱糊作，简称为“瓦木土石扎、油漆彩画糊”。

以瓦作工艺为例，古建筑的地面、墙面、屋顶这三个部分都离不开它。故宫最令人称道和迷惑的是金砖铺地。金砖，并非由黄金制成，而是专供京城宫殿使用的铺地方砖，清时主要产自苏州，通常铺墁在等级较高的殿宇内，民间不得使用。其制作程序复杂，首先要经过选土，有掘、运、晒、推、舂、磨、筛七道工序，再经三级水池的澄清、沉淀、过滤、晾干，经人足踩踏，使其成泥，置于阴凉处阴干，每日搅动，8个月后始得其泥……再用托板、木框、石轮等工具使其成形。烧制成砖后质地坚硬，敲击有金属之声，价值昂贵堪比黄金，故史称“金砖”。

官式古建筑营造技艺内涵丰富，程序严整，技法精细，是中国传统手工业中集大成者。由于掌握技艺的匠人文化较低，著书立说者寥寥，多少年来只能手手相传、口口相传。随着辛亥革命的爆发，清朝的灭亡，昔日的紫禁城一度辉煌不在、人去楼空、疏于管理，官式古建筑营造技艺也随着匠人们的离开而失落民间。直至中华人民共和国成立后，故宫博物院才重新建立起自己的古建筑修缮队伍，重拾失落已久的官式古建筑营造技艺。

二

历史上故宫曾有过三次大修，正是这三次大修分别成就了三代工匠，也造就了故宫的大匠精神。

故宫的角楼，是紫禁城的象征。你只要从那里经过，都会忍不住停下脚步来欣赏它。《清式营造则例》中将大木建筑分成庑殿、硬山、悬山和歇山四种样式，角楼是不同于任何一个门类的杂式。一般人形容角楼是9梁18柱72条脊，其实它远比这要繁复。三层屋檐共计有28个翼角、16个窝角、28个窝角沟、10面山花，72条脊之外还有背后掩断的10条脊。屋顶上的吻兽共有230只，比太和殿的吻兽多出一倍以上。

故宫古建筑的第一次大修中，最引人注目的便是西北角楼的落架大修。1949年中华人民共和国成立后，故宫博物院针对紫禁城存在的问题，提出了故宫古建筑修缮史上的第一个五年治理与抢险规划，完成了清运多年积存的大量垃圾废料，疏浚故宫河道，修缮内金水河两岸的河墙，治理紫禁城范围内的地下水道，抢修大量年久失修的古建筑，以及重新油饰三大殿的外檐彩画等工程。1956年，启动了西北角楼落架大修。由于角楼复杂的结构，故宫博物院力邀有“哲匠世家”之誉的原兴隆木厂的大木匠马进考、杜伯堂等为木结构施工指导，保证角楼原样顺利恢复。彩画则邀请了何文奎、张连卿等京城名匠。还有其他工种的匠师，他们都身怀绝技，人称故宫“十老”。正是以“十老”为代表的匠师们成就了故宫博物院的第一代工匠，同时，也是在这次大修中，孕育了第二代匠师。当年的戴季秋、赵崇茂、翁克良跟随马进考、杜伯堂等师傅维修西北角楼，维修结束后，继续学习制作模型，一做就是十年。至今故宫博物院古建部仍保留着西北角楼一角的四分之一模型和御花园四柱八角盝顶井亭模型。朴学林、邓九安、王友兰跟随周凤山、张国安师傅苫背、瓦瓦；张德恒、张德才、王仲杰则跟随张连卿、何文奎师傅重做了三大殿彩画，并按比例将故宫大部分彩画进行描摹，如乾隆花

图上
漱芳斋东配殿后抱厦苏式彩画小样

图下
养心殿正殿明间彩画小样

园、三大殿、东西六宫彩画样式等，共计三百幅，后制成《故宫建筑彩画图录》。

故宫的第二次大修从1973年开始。为了完成这次大修，故宫工程队（修缮技艺部的前身）对外招聘了300名青年。他们跟着赵崇茂、戴季秋师傅，相继参加了午门正楼、东西雁翅楼，太和门东西朝房，钟粹宫、景仁宫、养心殿、慈宁宫花园、东南角楼等施工工程。瓦工学徒跟随师傅去故宫小石桥宿舍工地参加新楼建设的施工，油画工学徒跟随师傅在神武门等处油饰彩画工地练习实际操作，木工学徒则由师傅定尺寸掌线，教练操作方法，进行一般性的大木制作安装。到了冬季来临不适合室外作业的时候，第二代工匠会为新来的年轻人讲授业务。以木作的李永革、黄有芳、翁国强，瓦作的吴生茂、李增林、白福春，油饰的刘增玉、张世荣，彩画的张志全等为代表的第三代工匠崭露头角。

2005年12月，中断近半个世纪的传统拜师在故宫博物院再次兴起。瓦作的白福春拜故宫古建筑专家朴学林先生为师，木作的黄有芳和焦宝健拜故宫古建筑专家翁克良先生为师，彩画的张志全拜故宫古建筑专家王仲杰先生为师。这些徒弟在技艺方面已经是故宫第三代工匠中的佼佼者，通过拜师，有了向大师学习更多更精技艺的机会，从而顺利地展开对太和殿以及其他建筑的大修工作，并且通过拜师更好地延续和传承故宫古建筑营造技艺。

第三次大修，是故宫博物院在21世纪初制定《故宫保护总体规划大纲》后开启的100年来最大规模的维修保护工作，包括了武英殿试点工程、太和殿挑顶大修工程、慈宁宫落架大修工程、建福宫复建工程等重

图上
2016年故宫西路开放

图下
故宫博物院2018年「文化和自然遗产日」活动留影

大项目。

2012年，为了培养故宫博物院自己的官式古建筑营造技艺的传承人，故宫博物院面向社会招收了14名传承人。经过一年的学习后，2013年，这14名传承人进行了集体拜师。张世荣、丁永利、吴生茂、白福春、白强、翁国强、黄有芳、张吉年、刘增玉、张志全等10位古建筑修缮专业的老师傅，接受了张奉兵、梁利军、薛永东等年轻学员的拜师礼，我们终于看到了古建筑修缮事业的未来，也期待着“工匠精神”的世代传承。

三

去过故宫古建筑修缮现场的人，就会发现这里和外面工地的劳作景象有个明显的区别：这里没有起重机，建筑材料都是以手推车的形式送往工地，遇到人力无法运送的木料时，工人们会使用百年不变的工具——滑轮组。故宫古建筑修缮，尊重“四原”原则，即原材料、原工艺、原结构、原形制。在不影响体现传统工艺技术手法特点的地方，工匠可以用电动工具，比如开荒料、截头，但大多数时候工匠都用传统工具：木匠画线用的是墨斗、画签、毛笔、方尺、杖竿、五尺；加工制作木构件使用的工具有锛、凿、斧、锯、刨，等等。

最能体现故宫古建筑修缮难度的便是瓦作中“苫背”的环节。“苫背”是指在房顶做灰背的过程，它相当于为木结构建筑添上防水层。有句口诀是“三浆三压”，也就是上三遍石灰浆，然后再压上三遍。但这是个虚数。今天是晴天，干得快，三浆三压硬度就能符合要求，要是赶上阴天，说不定就要六浆六压。任何一个环节的疏漏都可能导致漏雨，而这对古建筑的损坏是致命的。

“工”字早在殷墟甲骨卜辞中就已经出现过。《周官》与《春秋左传》记载周王朝与诸侯都设有掌管营造的机构。无数的名工巧匠为我们留下了那么多宏伟的建筑，但是却很少被列入史籍，扬名于后世。

匠人之所以称之为“匠”，其实不仅仅是因为他们拥有了某种娴熟的技能，毕竟技能还可以通过时间的累积“熟能生巧”，但是蕴藏在“手艺”之上的那种对古建筑本身的敬畏和热爱，却需要从历史的长河中去寻觅。将壮美的紫禁城完整地交给未来，最需仰仗的便是这些无名的匠人。故宫的修护是一项没有终点的接力，而他们就是最好的接力者。

图书在版编目（CIP）数据

单霁翔带你走进故宫．故人匠心 / 单霁翔著 ；周高亮摄影．-- 北京 ：故宫出版社，2020.12（2023.4 重印）
ISBN 978-7-5134-1337-4

Ⅰ．①单… Ⅱ．①单… ②周… Ⅲ．①故宫－人物－介绍－北京 Ⅳ．① K928.74

中国版本图书馆 CIP 数据核字 (2020) 第 163255 号

单霁翔带你走进故宫　故人匠心

单霁翔　著
周高亮　摄影

出 版 人：章宏伟
责任编辑：徐　海　程　鹃
装帧设计：赵　谦
供　　图：故宫博物院数字与信息部
责任印制：常晓辉　顾从辉
出版发行：故宫出版社
　　　　　地址：北京市东城区景山前街4号　邮编：100009
　　　　　电话：010-85007800　010-85007817　邮箱：ggcb@culturefc.cn
印　　刷：北京雅昌艺术印刷有限公司
开　　本：787毫米×1092毫米　1/16
印　　张：16.25
字　　数：208千字
图　　数：232幅
版　　次：2020年12月第1版
　　　　　2023年4月第2次印刷
印　　数：10001～14000册
书　　号：ISBN 978-7-5134-1337-4
定　　价：96.00元